Gabriele Kopp-Schmidt

MARIA

Das Bild der Gottesmutter in der Buchmalerei

Herder Freiburg · Basel · Wien

Akademische Druck- u. Verlagsanstalt
Graz – Austria

Titelbild: Maria mit dem Kind
aus: Rosarium. Dublin, Chester Beatty Library, Codex Ms. Western 99,
folio 44 verso, 1. Hälfte 16. Jahrhundert

Die Deutsche Bibliothek – CIP-Einheitsaufnahme

Maria : das Bild der Gottesmutter in der Buchmalerei /
Gabriele Kopp-Schmidt. – 1. Aufl. – Freiburg im Breisgau ;
Basel ; Wien : Herder ; Graz/Austria : Akad. Dr.- und Verl.-Anst., 1992
ISBN 3-451-22659-6 (Herder)
ISBN 3-201-01560-1 (Akad. Dr.- und Verl.-Anst.)
NE: Kopp-Schmidt, Gabriele

1. Auflage

Redaktion und Lektorat: Verlag Herder, Freiburg
Gestaltung: Akademische Druck- u. Verlagsanstalt, Graz
Reproduktion und Druck: Print & Art, Graz
Buchbindearbeiten: Freiburger Graphische Betriebe
Printed in Austria
ISBN 3-451-22659-6 (Herder)
ISBN 3-201-01560-1 (Akademische Druck- u. Verlagsanstalt)

Inhaltsverzeichnis

Einleitung

Maria tritt uns in den Werken der bildenden Kunst in vielfältigen Erscheinungsformen entgegen – eine der aufschlußreichsten ist wohl die Buchmalerei; denn der illuminierte mittelalterliche Codex ist das Medium, das die offene oder verdeckte Widersprüchlichkeit jeglicher Mariendarstellung am deutlichsten werden läßt. Einerseits enthält das sakrale Buch die Texte der Heiligen Schrift, die wenig über die Mutter des Messias berichten; andererseits zeigt es eine vielfältige Palette marianischer Bildthemen und –motive, neben den Christus gewidmeten Einzelbildern, Szenen und Zyklen die umfassendste Ikonographie des Abendlandes. Keine Frauenfigur hat in der Geschichte der westlichen Kunst seit der Antike eine vergleichbare Beachtung gefunden. Wenngleich das Verständnis dieser Darstellungen heute häufig nicht mehr vorausgesetzt werden kann, ist das Bild Mariens in Skulptur und Malerei doch kulturell so tief verankert, daß die Frage nach der Begründung und Rechtfertigung all dieser Werke zunächst fernzuliegen scheint. Gerade die Gattung der Buchmalerei, die Wort und Bild nebeneinanderstellt, verlangt aber zwingend ein Nachdenken über die vertrauteste aller Figuren der christlichen Religion. Denn während die Texte der Heiligen Schrift in bezug auf die Gottesmutter nur wenig aussagen, sprechen die Bilder eine um so deutlichere Sprache. Keine biblische Überlieferung berichtet vom Leben der Jungfrau, von ihrer Herkunft, ihren Eltern, nichts wird vermeldet von ihrem Tod oder gar von ihrer Himmelfahrt. Und doch finden sich allenthalben bildliche Darstellungen der Geburt der heiligen Maria, der Geschichte ihrer Eltern, ihrer Jugend und Verlobung bis hin zu Tod und himmlischer Glorie. Woher stammen all diese Informationen über eine Frau, von der die Evangelien gewissermaßen nur das Nötigste erzählen, nämlich daß sie tatsächlich gelebt hat und den erwarteten Messias geboren hat. Die Antwort auf die Frage nach dieser erstaunlichen Entwicklung führt zurück in die Zeit des frühen Christentums, für manchen Leser, den Historisches verdrießt, vielleicht ein wenig weit ausgeholt. Aber die Geschichte dieser in vielerlei Hinsicht einzigartigen Frauengestalt ist spannend wie ein Roman, spiegelt bisweilen jedoch auch die ausgeprägt männliche Sicht theologischen Denkens, denn es wird dabei deutlich, in welchem Maß aus Gründen theologischer Beweisführung ein Mitglied der im Judentum weitgehend unbeachteten, um nicht zu sagen mißachteten Gruppe der Frauen die Starre der jüdisch-christlichen patriarchalen Religion zumindest teilweise durchbrechen konnte und innerhalb der christlichen Kirche in einem Siegeszug ohnegleichen zu höchsten Ehren kam.

Dieser Erfolg Mariens – ihre Position als Himmelskönigin, Mutter und Braut Christi und Fürsprecherin der Menschen – hat neuerdings wieder Beachtung gefunden. Während die feministische Literatur einerseits in Maria den Einzug des Matriarchats in das Christentum feiert, gleichzeitig aber die verhängnisvollen Wirkungen der Lehre von der sündenlosen, jungfräulich empfangenden Magd beklagt, gehen andererseits progressive protestantische Theologinnen so weit, Maria als eine positive weibliche Identifikationsfigur, eine zeitgenössische Form der Großen Mutter gewissermaßen, zu propagieren und sie einer – zurückhaltenden – Verehrung zu empfehlen. Letztlich ist auch dies nur ein Beweis dafür, daß hinter aller theologischen Argumentation und Notwendigkeit ein archetypischer Kern weiblich-mütterlicher Qualitäten steckt, die den Rang Mariens als Gottesmutter rechtfertigen.

Die vielen Beispiele der Darstellung Mariens in der Buchmalerei basieren – da sie, wie gesagt, keine biblische Grundlage besitzen – großenteils auf den theologischen Überlegungen, welche die frühen Kirchenväter des 2.–5. Jahrhunderts bezüglich der Rechtmäßigkeit der christlichen Lehre und in Abgrenzung gegen ketzerische Irrlehren entwickelten. Der Rest ist Ausfluß einer schnell einsetzenden volkstümlichen Verehrung nichtjüdischen Ursprungs, die sich liebevoll mit dieser weiblichen Kultfigur beschäftigte. Wie auch immer man diese begeisterte Marienverehrung aus heutiger Sicht beurteilen mag, beim Betrachten der mittelalterlichen Miniaturen des vorliegenden Bandes, die gewissermaßen einen Spiegel dieses Überschwanges, aber auch nüchterner theologischer Beweisführung darstellen, wird deutlich, daß dadurch ein Motivschatz zur Verfügung gestellt wurde, der mit zu den eindrucksvollsten Bilderfindungen der mittelalterlichen Malerei geführt hat.

Maria in der Heiligen Schrift

Wären die kanonischen Schriften des Neuen Testaments – Evangelien, Apostelgeschichte und –briefe, Apokalypse – die einzigen Quellen geblieben, aus der die Marienverehrung sich hätte entwickeln können, so wäre es heute schlecht um das Bild der Gottesmutter bestellt. Überraschend klein ist die Zahl der Textstellen in den Evangelien, die der Mutter des Messias gewidmet sind, karg sind die Aussagen über ihre Person, und die wenigen Worte, die Christus nach der Überlieferung an sie richtet, signalisieren eher eine distanzierte Beziehung. Dies mag verwundern, da die Überlieferung heute geprägt ist von der Vorstellung eines liebevollen Verhältnisses zwischen Maria und ihrem Sohn, das schon vom Mittelalter vielfältig ausgeschmückt wurde. Die sehr zurückhaltenden Berichte aus apostolischer Zeit hingegen geben das jüdische Verständnis der weiblichen Rolle in Familie und Gesellschaft wieder, wie es zu Lebzeiten Christi herrschte und in der Urgemeinde im wesentlichen fortbestand.

So ist es keineswegs ein Zufall, daß Paulus, dessen in den sechziger Jahren des 1. Jahrhunderts verfaßte Briefe die ältesten Texte des Neuen Testaments darstellen, es nicht für der Mühe wert hält, auch nur den Namen der Mutter des Heilands zu erwähnen. Für ihn ist Christus einfach „von einem Weib geboren" (Gal 4,4). Und auch dieser Satz ist keinesfalls eine Reverenz an Maria, sondern soll lediglich die menschliche Natur des Messias beweisen: um den Gottessohn von dem häretischen Verdacht zu befreien, ausschließlich eine göttliche Natur zu besitzen, benutzte Paulus Maria, die Menschenfrau, als ein theologisches Argument. Die Existenz einer irdischen Mutter, die den Logos empfangen, getragen und geboren hatte, garantierte das wahre Menschsein Christi.

Im Kern ist hier der Gedanke enthalten, der über Jahrhunderte hinweg Ausgangspunkt und Stütze der Marienverehrung darstellte – so lange jedenfalls, bis der Kult der Gottesmutter fest etabliert war, sich verselbständigte und ein geradezu mit Christus konkurrierendes System entwickelte. Die zunächst keineswegs hervorragende Stellung der Mutter des Messias in der Heiligen Schrift wurde aufgewertet, interpretiert und ausgebaut zu einer theologischen Beweisführung im Streit um die Naturenlehre, der die frühe Kirche zu spalten drohte. Die gesamte Entwicklung der Marienverehrung, zumindest von offizieller Seite, die im 2. Jahrhundert konkrete Formen annahm und im 5. Jahrhundert auf den großen Konzilien von Ephesos und Chalcedon sanktioniert wurde, war veranlaßt durch die heftigen Auseinandersetzungen innerhalb der Urkirche und die Verteidigung des überkommenen Glaubens gegen verschiedene Irrlehren, insbesondere die Gnosis. Die Definition Christi als „wahrer Mensch und wahrer Gott" (Nizäa, 325) ließ Maria, die Menschenfrau, als Garantin der Inkarnation in neuem Licht erscheinen. Durch die menschliche Geburt konnten häretische Lehren wie die vom Scheinleib Christi widerlegt werden.

Zur Zeit Christi, von der die Evangelisten berichten, wurde der Mut-ter des Heilands noch herzlich wenig Beachtung geschenkt. Während das früheste Evangelium, der Text des Markus (um 70 n.Ch.), weder von der Verkündigung einer jungfräulichen Empfängnis noch von Geburt oder Kindheit Christi berichtet und von Maria als der Mutter des Herrn nur im Kontext zweier Reden des lehrenden Christus spricht, der sich radikal von seiner irdischen Familie distanziert (Mk 3,31–35; 6,1–4), vermeldet der rund zehn Jahre später schreibende Matthäus zum ersten Mal wunderbare Umstände bezüglich der Empfängnis des Messias. Als nämlich Joseph, der Verlobte Mariens, plant, seine unerklärlicherweise schwanger gewordene Braut zu verlassen, erscheint ihm (nicht Maria!) der Engel und beschwichtigt ihn damit, daß Maria schwanger war „vom heiligen Geist" (Mt 1,20). Solchermaßen belehrt, bleibt der fromme Mann bei ihr. Hier erscheint, zurückgreifend auf die alttestamentliche Prophezeiung des Jesaja (Jes 7,14), daß eine Jungfrau schwanger werde, erstmals der Gedanke der jungfräulichen Empfängnis in den Schriften des Neuen Testaments, der für die spätere Marienverehrung von so großer Bedeutung wurde. In keinem der vier Evangelien wird jedoch jemals von einer jungfräulichen Geburt gesprochen. Diese Vorstellung, die der jüdischen Gedankenwelt gänzlich fremd war und durch den heidnisch-hellenistischen Kulturkreis Kleinasiens an das Christentum herangetragen wurde, fand erst im 2. Jahrhundert Eingang in die apokryphen, d. h. nicht kanonischen, von der Kirche nicht anerkannten Schriften, die aber für die Herausbildung eines eigenen Kultes der Gottesmutter größte Bedeutung erlangten.

Am detailreichsten berichtet der Evangelist Lukas gegen Ende des 1. Jahrhunderts von der Herrenmutter. So farbig ist das Bild, das er entwirft, Tafel 1 daß ihn später die Legende zum Maler der Muttergottes werden ließ, der mit der sogenannten Lukas-Ikone den christlichen Urtypus der Darstellung Mariens mit dem Christuskind anfertigte. Aufgrund seiner syrischen Herkunft und seiner ursprünglichen religiösen Prägung – Lukas war ein zum Christentum bekehrter Heide – sowie im

Hinblick auf seine ebenfalls heidenchristliche Leserschaft mißt er den besonderen Umständen, welche die Empfängnis, Geburt und Kindheit des Heilands begleiten, und der Rolle Mariens im Heilsgeschehen eine Bedeutung zu, die von der hellenistischen Kultur und der kleinasiatischen Verehrung der Muttergottheiten geprägt ist.

Maria tritt als Handelnde auf, sie selbst nimmt die Botschaft des Verkündigungsengels entgegen; ihre Verwandte Elisabeth erkennt in ihr die Mutter des verheißenen Messias und lobpreist die Schwangere mit den Worten, die seitdem ungezählte Male von zahllosen Christen wiederholt wurden: „Gebenedeit bist du unter den Frauen, und gebenedeit ist die Frucht deines Leibes" (Lk 1,42).

Tafeln 2, 3
Abb. 1

Abb. 1 Heimsuchung und Geburt
Speculum humanae salvationis. Bodenseeraum, 1325–1330

Das zweite Kapitel des Lukas-Evangeliums schildert in der uns vertrauten Weise Geburt und Kindheit des Herrn, wobei stets Maria anwesend ist, oft sogar als Mittelpunkt des Geschehens. Mit der Distanzierung des zwölfjährigen Jesus im Tempel von seiner irdischen Familie und mit seiner Berufung auf die Gottessohnschaft enden bei Lukas die Erwähnungen Mariens. Obgleich es erstaunt, daß auch er die Mutter im Kontext der Kreuzigung nicht mehr hervorhebt, ist doch deutlich, daß in diesem Evangelium die Gestalt Mariens besondere Beachtung findet, hier gewinnt sie am ehesten Konturen als eine eigenständige Person, die über die Funktion im Rahmen einer theologischen Argumentation hinausgehen.

Der vermutlich zeitgleich mit dem Lukas-Evangelium entstandene Text des Johannes, eine Kompilation älterer, heterogener Schriften, vernachlässigt Maria als historische Gestalt im Leben Jesu völlig.

Abb. 2 Erst anläßlich der Hochzeit von Kana tritt die Mutter an der Seite ihres erwachsenen, wunderwirkenden Sohnes in Erscheinung (Joh 2,1–11),
Abb. 3 danach wird sie nochmals unter dem Kreuz genannt, wo Christus sie dem Jünger, „den er liebhatte", d. h. Johannes, anvertraut (Joh 19,25–27). Da diese Szene in keinem der älteren Evangelien erwähnt wird, es sogar fraglich ist, ob Maria überhaupt in einer der Schriften bei der Kreuzigung genannt wird – denn keine der verschiedenen Marien wird dort eindeutig als Herrenmutter gekennzeichnet oder hervorgehoben –, ist die Rede des sterbenden Christus – wie häufig bei Johannes – nicht wörtlich, sondern als Bild zu verstehen, das Christi Sorge für die zurückbleibende Kirche (Maria als Ecclesia und der Apostel als ihr Beschützer) ausdrücken soll.

Abb. 2 Hochzeit in Kana. Vorauer Volksbibel. Süddeutschland, 1467

Abb. 3 Kreuzigung. Ingeborg-Psalter. Frankfurt, um 1200

Rekapituliert man die wenigen Maria betreffenden, erzählenden Textpassagen der in der zweiten Hälfte des 1. Jahrhunderts entstandenen Evangelien, zu denen noch die Erwähnung der Herrenmutter im Kreis der Jünger nach der Auferstehung Christi hinzuzählen ist (gemäß Apg 1,14), so gewinnt die Vorstellung von der Mutter Christi kaum klare Konturen und bleibt in einem weitgehend neutralen Rahmen, der keinen Anlaß zur Marienverehrung bietet. Christus selbst unterbindet die Lobpreisung seiner Mutter, als eine Frau aus dem Volk ausruft: „Selig die Frau, deren Leib dich getragen und deren Brust dich genährt hat" mit dem Hinweis auf das alleinseligmachende Wort Gottes (Lk 11,27–28).

Eine chronologische Aneinanderreihung der Maria betreffenden Szenen in den vier Evangelien und der Apostelgeschichte weist folgenden Katalog marianischer Motive auf: Verkündigung, Heimsuchung, Geburt Christi, Hirten- bzw. Magieranbetung, Darstellung im Tempel, Reinigung Mariens, Flucht nach Ägypten, der zwölfjährige Jesus im Tempel, verschiedene Nennungen des Namens Mariens im Zusammenhang mit dem lehrenden Christus, Hochzeit von Kana,

Tafel 4
Abb. 4

Abb. 4 Flucht nach Ägypten
Speculum humanae salvationis. Bodenseeraum, 1325–1330

Kreuzigung und Apostelgemeinschaft in Jerusalem. Alle diese Ereignisse betreffen jedoch vornehmlich Christus, sein Leben vom Augenblick seiner Verkündigung bis nach seinem Tod. Um die Person der Herrenmutter wird, ganz im Sinne der jüdischen Tradition, wenig Aufhebens gemacht; wird über sie berichtet, so ist sie – gleichsam funktional – auf ihren Sohn und die christliche Lehre bezogen. Ihr selbst gilt, mit Ausnahme der Schriften des Lukas, wenig Interesse.

Der Beginn der Marienverehrung

Als Ergebnis der Suche nach der Gestalt Mariens in den ältesten Quellen hat sich somit nur ein kleines Motivrepertoire herauskristallisiert, das Darstellungen der Gottesmutter lediglich im Kontext von Zyklen oder Einzelbildern zuläßt, die der Person und dem Leben Christi gewidmet sind. In diesem Rahmen kann die Herrenmutter in Fresken und Mosaiken auftreten, die an den Wänden der Kirchen angebracht wurden, später dann auch auf Tafelbildern oder als Illustration der Codices, welche die Texte der Evangelien überlieferten. Darüber hinaus gibt die Heilige Schrift keinen Anlaß zu Mariendarstellungen, und es gäbe heute wohl kaum diese Vielzahl von Bildern mariologischer Themen, die in der Folgezeit entstanden sind, wenn nicht im 2. Jahrhundert zwei Entwicklungen eingesetzt hätten, die den Weg für eine eigenständige Marienverehrung bereiteten.

Der Kult der Gottesmutter mit Festen zu ihren Ehren, mit einer eigenen Liturgie, eigenen Gebeten und Kultbildern basiert auf zwei Faktoren, die bald nach Abfassung der kanonischen Evangelien in der christlichen Lehre und Glaubenspraxis Raum zu greifen beginnen: einmal die Dogmatisierung der Zwei-Naturen-Lehre und zum anderen die Integration einer schnell sich ausbreitenden Volksfrömmigkeit in den offiziellen Ritus der Kirche. Beides hat auf den ersten Blick wenig miteinander zu tun: der Kampf um die Orthodoxie und die Abgrenzung der Irrlehren ist Theologie auf höchster Ebene, die heidnisch beeinflußte Verehrung einer Art Muttergottheit hingegen ist eine vom Volk getragene und vorangetriebene Entwicklung. Im Laufe des 4. und 5. Jahrhunderts treffen sich beide Bewegungen jedoch in einem gemeinsamen Interesse: Maria, die Menschenfrau, als Gottesgebärerin (Theotokos) zu etablieren und ihr einen regulären Kultstatus innerhalb der Kirche zuzuweisen. Tafel 5

Die beiden Tendenzen, sich mit Maria als der einzigen weiblichen Komponente in der christlichen Religion näher zu befassen, traten im 2. Jahrhundert erstmals zutage und liefen eine Weile unverbunden nebeneinander her. Bereits Ignatius von Antiochia, der 110 in Rom das Martyrium erlitt, erhärtete die Beweisführung des umstrittenen wahren Menschseins Christi durch die Berufung auf die Menschenmutter („geboren aus Maria und aus Gott").

Das 325 abgehaltene Konzil von Nizäa entschied sich gegen die arianische und alle gnostischen Lehren für die Wesensgleichheit

Christi mit Gott und für die wahre Menschennatur des Gottessohnes. Maria als Gebärerin des Gottessohnes wird gleichsam von seiner Göttlichkeit überstrahlt und selbst zu einer verehrungswürdigen Gestalt. 431 wurde die heilsgeschichtliche Position Mariens als Theotokos auf dem Konzil von Ephesos definiert und 451 in das orthodoxe Glaubensbekenntnis aufgenommen (Konzil von Chalcedon).

Somit ist Maria nicht mehr länger ein Werkzeug Gottes; sie entwickelte sich zu einer Person, die aufgrund ihrer Mitwirkung die Erlösung der Menschheit ermöglicht hat. Ihre spezifischen Verdienste innerhalb des Heilsplans waren die Grundlage für die besondere Verehrung der Gottesmutter: als Mediatrix (Mittlerin zwischen Gott und den Menschen) und Advokatin der Menschen wurde Maria zur Fürsprecherin aller Sünder und Bedrängten.

Die zweite wichtige Entwicklungslinie zu einer selbständigen Marienverehrung war die Volksfrömmigkeit, die sich aber weit weniger genau verfolgen läßt, da sie nicht mit fest datierten Konzilsentscheidungen einherging, jedoch schon früh Niederschlag in gewissen – im Volk verbreiteten – Schrifttexten fand. Die Ausbreitung des Christentums in die kleinasiatischen, hellenistischen und ägyptischen Gebiete des Römischen Reiches trug nicht unwesentlich zur weiteren Ausbildung der Marienverehrung bei. Dort entstand nämlich sehr schnell ein Gefühl der Unzufriedenheit mit der streng patriarchalischen Vorstellung eines dreieinigen (männlichen) Gottes, und das Bedürfnis nach einer weiblichen Kultfigur in der Art der überall im Mittelmeerraum verehrten Muttergottheiten trat zutage. Die jüdisch-christliche Trias Vater – Sohn – Heiliger Geist befriedigte das menschliche Verlangen nach mütterlich-göttlichen Qualitäten nicht, so daß schon früh nahezu unverhüllt heidnische Riten auf Maria übertragen wurden, die damit unmittelbar in die Gestalt einer paganen Göttin schlüpfen konnte, wie Quellen des 4. Jahrhunderts nach Augenzeugenaussagen über solche Vorfälle „bei arabischen Frauen" entsetzt berichten.

Innerhalb der frühen Kirche wurde der Verlockung, eine gleichsam „christianisierte" Muttergottheit einzuführen, bald nachgegeben und in den volkstümlichen Schriften, den sogenannten apokryphen Evangelien, seit dem 2. Jahrhundert festgehalten und ausgeschmückt. Obgleich diese sehr phantasiereichen Texte nicht in den Kanon der neutestamentlichen Schriften aufgenommen wurden, bilden sie gedanklich und thematisch den Grundstock der marianischen Ikonographie.

Insbesondere das um die Mitte des 2. Jahrhunderts (oder gegen 200) entstandene „Protoevangelium des Jakobus" weist in seiner romanhaften Schilderung des Lebens der Jungfrau Maria und ihrer Eltern (von denen hier erstmals zu hören ist) sowie vieler wunderbarer Begebenheiten um Verlobung, Empfängnis und Geburt Christi auf das Bedürfnis breiter Schichten hin, Genaueres über die Mutter des Messias zu erfahren. Die Berichte der Evangelisten erwiesen sich in dieser Hinsicht als zu nüchtern, so daß man – Generationen nach Christi Geburt und Tod – beschloß, nun auch ausführlich über Maria und ihr Leben zu berichten. Und was man zu diesem späten Zeitpunkt nicht mehr wußte, weil es nie für überlieferungswürdig gehalten worden war, wurde hinzuerfunden: die traurige Geschichte der langen Kinderlosigkeit von Anna und Joachim, den Eltern Marias; die von Gott bewirkte späte Geburt des Mädchens Maria, das die dankbaren Eltern dem Tempel weihten, wo sie dann im heiratsfähigen Alter einem durch ein Wunderzeichen erwählten Bräutigam, dem Witwer Joseph, zugeführt wurde. Es folgen, phantasievoll ausgemalt, Verkündigung und Geburt des Kindes bis zum Kindermord in Bethlehem, ausgehend von den Berichten der Evangelisten Matthäus und Lukas.

Die apokryphen Schriften sind die ersten Quellen, die das Wunder der jungfräulichen Geburt überliefern. Der früheste Beleg findet sich in dem Text der sogenannten „Himmelfahrt des Jesaja“, der eventuell bereits gegen Ende des 1. Jahrhunderts entstanden ist. Im Gegensatz zu den Evangelisten, die nur von einer jungfräulichen Empfängnis gewußt haben, bleibt der Schoß der Jungfrau auch während der Geburt unversehrt (virgo in partu), was im „Protoevangelium des Jakobus“ durch eine eigens herbeigeeilte, ungläubige Hebamme handgreiflich überprüft und bezeugt wird.

Die Idee der Parthenogenese, der Jungfrauengeburt, entspricht nicht der jüdischen Tradition, sondern gehört dem hellenistisch-östlichen Kulturkreis an, aus dem die meisten der apokryphen Schriften hervorgegangen sind. Auch die Worte des alttestamentlichen Propheten Jesaja, der die Geburt des Messias verkündete („Seht, die Jungfrau wird ein Kind empfangen, sie wird einen Sohn gebären...“, Jes 7,14), meinten weder eine jungfräulich empfangende, wie Lukas das Prophetenwort interpretierte, noch eine jungfräulich gebärende, sondern einfach – so die korrekte wörtliche Übersetzung – eine „junge Frau“.

Erst die Verbreitung des Christentums über den gesamten östlichen Mittelmeerraum ermöglichte (oder erforderte?) die Vorstellung, daß Maria wie eine der mediterranen Muttergottheiten einen Sohn gebar, ohne ihre körperliche Unversehrtheit zu verlieren. Dieser Gedanke entsprang dem alten Glauben an die Fähigkeiten matriarchalischer Göttinnen, ohne männliches Zutun empfangen zu können und zu gebären, ohne ihre Jungfräulichkeit zu verlieren. Auch Hera, die Gemahlin des griechischen Göttervaters Zeus, ursprünglich eine Muttergottheit, besaß die Urkraft, nach jeder Umarmung durch Zeus ihre Virginität wieder zurückzugewinnen.

Sowohl die Jungfrauengeburt als auch der Bericht, daß die kleine Maria in den Tempel zu Jerusalem gegeben wurde, um als Tempeljungfrau das Gelübde ihrer Eltern zu erfüllen, widersprechen kraß jüdischem Ritus und Brauch. So wie das Alte Testament nirgends eine den Gesetzen der Natur zuwiderlaufende Geburt als Zeichen für den kommenden Messias vorausgesagt hat – und die Evangelisten folglich auch nie davon gesprochen haben –, erlaubte das Judentum keinerlei weibliche Aktivitäten in der Religion, und nie hat es im Heiligtum Jahwes in Jerusalem Tempeljungfrauen gegeben, die auf den Stufen vor der Bundeslade tanzen durften. Der Verfasser des Protoevangeliums, der unter dem Namen des Herrenbruders Jakobus seine Schrift veröffentlichte, um ihr den Anschein größtmöglicher Authentizität und Nähe zu den geschilderten Vorfällen zu geben, erweist sich hier als schlechter Kenner der jüdischen Religion.

Ungeachtet solcher Mißverständnisse, die den historischen Abstand und das veränderte kulturelle Umfeld dokumentieren, legen alle apokryphen Schriften, die über das Leben Mariens berichten, um so deutlicher Zeugnis davon ab, welche Vorstellungen und Wünsche der breiten Volksschichten in den Gebieten der christlichen Mission nun plötzlich befriedigt werden mußten. In vielerlei Hinsicht war die anfänglich ausschließlich jüdisch geprägte christliche Urkirche gezwungen, die Religionspraxis der verschiedenen Kulte der Großen Mutter in ihren Erscheinungsformen als Isis, Artemis, Astarte, Anath usw. zu integrieren. Immer rascher erlangte das weibliche Element in der Gestalt Mariens eine den paganen Göttinnen analoge Position als Gottesmutter in der ursprünglich rein patriarchal geprägten Struktur des Christentums.

Tafel 1 Lukas malt die Madonna
Stundenbuch der Maria von Burgund. Flämisch, zwischen 1470 und 1480

Secundu lucam
IN illo tempore

Der Kult der Gottesmutter

Der Streit um die Zwei-Naturen-Lehre hatte die Kirche gezwungen, Maria im Rahmen ihrer christologischen Argumente einen unvergleichlichen Platz in der Heilsgeschichte einzuräumen. Der empfangende und gebärende weibliche Körper gewann Rechte über seinen Schöpfer, indem erst der Anteil am Fleisch der Mutter das Wunder von Leben, Tod und Auferstehung des Gottessohnes deutlich werden ließ. Die Mutter wird zur Miterlöserin der Menschheit (Corredemptrix), die Christus an die Seite gestellt wird, ja aufgrund ihrer Mutterschaft sogar Einfluß auf ihren göttlichen Sohn ausüben kann – ein Umstand, der später Luther, der alle Macht und Barmherzigkeit wieder an Christus allein zurückgeben wollte, in besonderem Maße aufbrachte. Daß Gottvater Maria zur Mutter seines Sohnes ausersehen hat, verleiht ihr einen besonderen Status als Mittlerin (Mediatrix) zwischen Gott und den Menschen, so wie sie auch als Mutter bei Christus zugunsten der Sünder fürbitten kann (Advocata).

Während sich alle diese Kompetenzen, die man Maria seit dem 5. Jahrhundert zusprach, aus ihrer neu definierten theologischen Position ableiten ließen, entwickelten sich parallel dazu auch im kultischen Bereich sehr schnell Statusmerkmale ihrer Verehrungswürdigkeit: Kirchen mit Marienpatrozinien wurden errichtet, Feste zu Ehren der Gottesmutter eingeführt. Bereits für das Ende des 4. Jahrhunderts ist das erste Marienfest der Ostkirche, das sogenannte Theotokos-Fest, überliefert; ab dem 5. Jahrhundert wandelte man zunehmend auch ursprünglich Christus geweihte Tage in Feiern zu Ehren seiner Mutter um; so das Hypapánte-Fest, die Begegnung des Christuskindes mit Simeon und Hanna, schließlich in das Fest der Purificatio Sanctae Tafel 6 Mariae, Mariä Reinigung oder Lichtmeß, am 2. Februar. Verschiedene Ehrentitel und Attribute wurden Maria zuerkannt, teils als Übertragungen aus den Psalmen, häufig waren es aber auch Übernahmen aus heidnischen Kulten, so beispielsweise die Bezeichnung als Himmelskönigin mit den Attributen von Mondsichel und Sternen; als Retterin, liebreiche Mutter usw. aus dem Isiskult, der in der Spätantike seine größte Bedeutung erlangt hatte und viele Parallelen zur Marienverehrung aufweist. Im 5. Jahrhundert hatte Maria einen festen Platz in der Liturgie, Gebete an die Gottesmutter waren erlaubt, ihre Bilder wurden aufgestellt und durch Küssen verehrt.

Alle diese neuen Ehrungen Mariens, insbesondere aber ihre heilsgeschichtliche Position als Gottesgebärerin, verlangten eine Revision des Marienlebens sowohl bezüglich ihres Eintritts in die Welt als auch ihres Todes. Daß sie, wie alle Sterblichen seit dem Sündenfall, mit dem Makel der Erbsünde geboren sein könnte, erschien in Anbetracht der Tatsache, daß Gott sie zur Mutter des Erlösers erwählt hatte, unvorstellbar. Maria, die zeitlebens tugendhaft und rein blieb, aufgrund ihrer jungfräulichen Empfängnis auch vor der Befleckung durch die stets als sündhaft empfundene Sexualität bewahrt worden war, mußte unbelastet von der Erbsünde geboren worden sein (Immaculata Conceptio), um ihrer hohen Rolle als Mutter des Gottessohnes gerecht zu werden. Zwar wurde selbst in der Ostkirche lange darüber gestritten, zu welchem Zeitpunkt die Reinigung Mariens von der Erbsünde stattfand, und der Westen konnte sich hinsichtlich der Anerkennung der Immaculata Conceptio über Jahrhunderte hinweg nicht zu einer eindeutigen Stellungnahme entschließen, aber 1854 wurde schließlich die unbefleckte Empfängnis Mariens zum Dogma erklärt.

Die zweite Frage, die sehr bald Theologen und Gläubige zu beschäftigen begann, betraf die Umstände des Todes der Gottesmutter bzw. die Überlegung, was mit dem Leib, der frei von Sünde und durch die Aufnahme des Heilands ausgezeichnet gewesen war, nach dem Lebensende geschehen war. Unmöglich konnte Maria wie alle anderen Menschen der Verwesung anheimfallen. Als logische Konsequenz der Sündenfreiheit Mariens ergab sich daraus die Vorstellung des Marientodes zunächst als eine Art Schlaf (Dormitio) mit einer Entrückung ins Paradies (Transitus), wo die Schlafende auf das Jüngste Gericht wartete. Später steigerte sich diese Anschauung zu einer leiblichen Himmelfahrt der Gottesmutter in Analogie zu ihrem Sohn, da sie sich als Gebärerin und Schmerzensmutter dieselben Verdienste erworben hatte wie Christus selbst (so Johannes von Damaskus, gestorben 749).

Im Grunde entfaltete sich bald nach den Konzilien von Ephesus und Chalcedon das gesamte Spektrum der Marienverehrung in Theologie und Glaubenspraxis. Bis zum 8. und 9. Jahrhundert waren die Faktoren eines eigenständigen Marienkultes: mariologische Lehre, Kirchenbauten, Festtage, eigene Liturgie, Hymnen, Gebete, Legenden, Bilder usw. im Osten wie im Westen – dort allerdings meist etwas verzögert – endgültig festgelegt.

Tafel 2 Verkündigung
Festtagsevangelistar mit Kanontafeln. Schule von Reichenau, um 1030
Tafel 3 Verkündigung. Goslarer Evangeliar. Goslar (?), um 1230/40

Die karolingische Theologie hat in ihrer Mittlerrolle zwischen dem frühchristlich-antiken Kulturkreis und dem Mittelalter die Formen des Umgangs mit der Gottesmutter in verstärktem Maße „vermenschlicht“. Da die christologischen Fragen geklärt waren und die Stellung

Abb. 5 Schutzmantelmadonna
Speculum humanae salvationis.
Bodenseeraum, 1325–1330

Mariens bis auf die noch lange umstrittenen Fragen der unbefleckten Empfängnis und der Himmelfahrt gesichert war, richtete sich nun das Interesse zunehmend auf die Person der Jungfrau selbst, ihr Wesen und ihre Eigenschaften – Demut, Tugendhaftigkeit und Mütterlichkeit – sowie besonders auf ihre Macht, dem Gläubigen schützend und fürbittend zur Seite zu stehen. In dieser Zeit entstand das wohl populärste Mariengebet des Frühmittelalters, das „Ave maris stella“, das in der Form eines Wortspiels die Jungfrau als den „Meerstern“, den leuchtenden Führer durch die Finsternis, rühmt und damit das gläubige Vertrauen auf die Retterin in ein eindringliches Bild faßt.

Das Mittelalter, stets als Zeit der Hochblüte der Marienfrömmigkeit bezeichnet – vielleicht nur deswegen, weil hier die allgemeine Hinwendung zu Maria vertrauter und aus Texten und Bildern leichter zu erkennen ist –, hat letztlich in fast allen Bereichen auf ältere Verehrungsmuster zurückgegriffen. So gefühlsbetont und voller Begeisterung die Schriften der mittelalterlichen Marienverehrer auch sein mögen, wie groß auch die Kompetenzen sind, die Maria zugebilligt werden: über das, was die Kirchenväter und besonders die byzantinischen Theologen des 8. und 9. Jahrhunderts zu Ehren der Jungfrau vorzubringen hatten, konnte kaum noch hinausgegangen werden.

Die individuelle Beziehung der Gläubigen zur Jungfrau, die durch das Gedankengut der Mystik gefördert wurde, verstärkte das Bild

Mariens als der allerbarmenden Retterin, die sich der Sünder annimmt und Bedrängte, die sie um Beistand anflehen, aus allen Nöten zu erretten vermag, selbst vor der zornigen Gerechtigkeit Gottvaters oder des Weltenrichters. So entstanden der Typus der Schutzmantelmadonna, deren Mantel die Menschheit umfängt und ihr Schutz gewährt, und das Bild Marias „Unserer Lieben Frau", das ihre weibliche Rolle als Anwältin der Sünder hervorhebt. Abb. 5

Ferner wurde die Vorstellung vom Königtum Mariens ausformuliert, verbunden mit ihrer Aufnahme in den Himmel und der dort erfolgten Krönung. Zu Beginn des 12. Jahrhunderts häufen sich Anredeformeln wie „domina mundi", „regina coeli", „regina angelorum". Maria sitzt zur Rechten Christi als seine Mutter und Braut (in ihrer Rolle als Bild der Kirche, die vom Bräutigam aufgenommen wird), sie wird gekrönt von ihrem Sohn, später dann von Gottvater oder den beiden zusammen. Obgleich alle diese Vorstellungen auf sehr viel ältere Schichten der Marienverehrung zurückgehen, werden sie jetzt neu belebt und mit zeitgenössischen Ideen und Attributen verknüpft: Maria erscheint in königlichen Gewändern, sie trägt Krone und Zepter, Engel umgeben ihren Thron wie ein himmlischer Hofstaat. Tafel 7

Neu sind die vielen Legenden, die gerade Marias besondere Macht und ihr gnädiges Eingreifen zugunsten der Sünder in den Vordergrund stellen. Der Prototyp dieser Wundererzählungen ist die von Paulus Diaconus (gestorben 799) aus dem Griechischen übertragene Theophilus-Legende, die jedoch noch eine ältere Wurzel hat. Erzählt wird die Geschichte des Theophilus, der sich dem Teufel verschreibt, aber durch das Eingreifen Mariens vor der Verdammnis gerettet wird. Im Mittelalter entsteht eine Vielzahl solcher Mirakelgeschichten, die, zu Sammlungen vereint, ab dem 12. Jahrhundert auch in die Volkssprachen übersetzt werden.

Eine eigene Gattung bilden die Neufassungen des Marienlebens in Reim und Prosa, die zwar auf die apokryphe Literatur zurückgreifen, sie aber noch reicher ausschmücken, insbesondere was die Aufnahme Mariens in den Himmel betrifft. In der populärsten Legendensammlung, der Legenda Aurea des Jacobus de Voragine (entstanden 1263–73), erscheint Maria nicht mehr allein im Kontext des Christuslebens, sondern ihr ist eine eigene Vita gewidmet, die von ihrer Geburt bis zur Himmelfahrt reicht.

Tafel 4 Epiphanie. Goslarer Evangeliar. Goslar (?), um 1230/40
Tafel 5 Maria Theotokos. Psalterion. Konstantinopel, um 1077

16v

ἓν δὲ μόνον, ὅτι γινώσκομεν
εὑρίσκεσθαι:

Das Marienbild in der Buchmalerei

Die in den Evangelien überlieferten „Auftritte" Mariens im Leben ihres Sohnes fügen sich harmonisch in die Bildausstattung der Codices ein, die in Form von Evangeliaren und Evangelistaren (auch Perikopenbücher genannt) die Texte des Neuen Testaments für den Gebrauch in der Liturgie bereithalten. Da es sich hierbei um die ältesten Quellen des Christentums handelt, die Maria nur eine relative Position in bezug auf Christus einräumen, sind diese Illuminationen in erster Linie dem Gottessohn gewidmet, den Erzählungen seines Lebens und seiner Wundertaten, der Passion und der Auferstehung, so wie auch die Christus-Zyklen der frühchristlichen Kirchendekorationen auf der Grundlage der Evangelien entwickelt wurden, wovon erhaltene Ausstattungen in Rom und Ravenna für den Westen heute noch einen Eindruck vermitteln. Anders als das „porträthafte" Tafelbild Christi oder Mariens, die Ikone, die dem öffentlichen Kult der Gemeinde und des Priesters gewidmet war und daher von Anbeginn an in den Verdacht geriet, ein Götzenbild zu sein, wurde die Zulässigkeit der erzählenden Darstellung mit Szenen aus dem Leben Christi (oder Mariens und der verschiedenen Heiligen) nicht diskutiert.

Zwar war das von Christus nie außer Kraft gesetzte alttestamentliche Bilderverbot des Dekalogs von der frühen Kirche übernommen worden, aber die schnelle Ausbreitung des Christentums in Gebiete hinein, wo der Bilderkult ein fester Bestandteil des religiösen Lebens war, weckte „von unten" her das Bedürfnis nach bildlicher Veranschaulichung der göttlichen Personen. Während noch Eusebius, der erste Bischof der neugegründeten Stadt Konstantinopel, den Wunsch der Tochter Konstantins d. Gr. nach einem Bild Christi entrüstet zurückweist, gibt es bereits aus demselben 4. Jahrhundert Berichte über die Aufstellung und Verehrung von Heiligenbildern, die allen theologischen Argumenten und massiven Eingriffen der kirchlichen Obrigkeit zum Trotz bald einen festen Platz in den gottesdienstlichen Feiern der Gemeinden behaupteten.

Im Gefolge des Zwei-Naturen-Streites konnte die Ikone Christi schließlich selbst zu einem Beweis seiner menschlichen Natur werden: wenn Christus wahrer Mensch gewesen war, dann konnte und durfte er abgebildet werden. So galt ab dem 5. Jahrhundert die Darstellung des kindlichen Christus im Schoß seiner menschlichen Mutter als Dokumentation der Inkarnation, d. h. der Fleischwerdung des Logos.

Abb. 6 Widmungsbild. Prinzessin Juliana Anikia – zwischen den Personifikationen der Phronesis (Weisheit) und der Megalopsychia (Großherzigkeit) – nimmt das Buch von einem kleinen Eros entgegen.
Konstantinopel, um 512

Tafel 6 Maria mit Symbolen der Unbefleckten Empfängnis
Rosarium. Flämisch, 1. Hälfte 16. Jahrhundert
Tafel 7 Tod und Krönung Mariens. Ingeborg-Psalter. Frankreich, um 1200

TOTA PVLCRA·ES·AMICA·MEA·ET·MACVLA·NON·EST·IN·TE
ELECTA· VT·SOL
STELLA MARIS
TVRRVS DAVID
CEDRVS·EXALT
PORTA·CELI
PVLCRA VT·LVNA
CIVITAS·DEI
OLIVA·SPECIOSA
PLATACIO·ROSE
FOS·ORTORV
PVTEVS·AQVA VIVECIV
LILIV·INTER SPINAS
ORTVS·COCLVSVS

Sinngemäß kann deshalb Maria mit dem Christuskind auf ihren Knien als Garantin christlichen Glaubens den Evangelientexten, die das Wunder der Menschwerdung und die Göttlichkeit Christi in Schriftform überliefern, vorangestellt werden. In dieser Eigenschaft erscheint Maria in herrscherlicher Gewandung in den ersten Beispielen frühmittelalterlicher insularer Buchmalerei, so in dem berühmten, ca.
Tafel 10 800 entstandenen „Book of Kells", wo der Thron der Gottesmutter von Engeln mit zeremoniellen Funktionen umgeben ist. Herrscherliche Motive wie Thron, Gewandung und Hofstaat weisen auf spätantike Vorbilder, die Mariendarstellungen dieser Art mitbestimmt haben. Die Widmungsminiatur des sogenannten „Wiener Dioskurides", einer
Abb. 6 kurz vor 512/513 entstandenen Handschrift über Heilpflanzen, zeigt eine kaiserliche Prinzessin als Stifterin des Codex. Sie ist umgeben von Personifikationen ihrer Tugenden, die als höfische Begleiterinnen fungieren. Wenngleich die elegante spätantike Miniatur stilistisch nicht die geringste Ähnlichkeit mit der starr ornamentalen Ausstattung eines frühmittelalterlichen Codex aufweist, so sind doch der Aufbau der beiden Bilder und ihre Funktion eng verwandt, denn in beiden Fällen erscheint eine Frau in königlichen Gewändern, thronend, umgeben von Figuren, die ihr untergeordnet sind: die byzantinische Prinzessin tritt auf als Auftraggeberin des von ihr finanzierten Werkes, eines der Heilkunde gewidmeten Herbariums; Maria präsidiert mit dem Gottessohn auf dem Schoß dem Kanon der Evangelien. Über Jahrhunderte hinweg bleibt die Darstellung der thronenden Maria mit dem frontal oder seitlich ausgerichteten Christuskind der – theologisch fundierte –
Tafel 5 Grundtypus der Madonnendarstellung, der unter der Bezeichnung „Sedes Sapientiae" (Sitz der Weisheit) Einzug in die westliche Ikonographie hielt (vor allem im Bereich der Skulptur).

Eine weitere, sehr frühe Form des Marienbildes ist der Typus der Madonna Platytera, der Gottesmutter, die den Christus-Logos in einem runden oder ovalen Schild vor ihrem Leib hält. So steht Maria in einer syrischen Bibelillustration des 6. Jahrhunderts als Trägerin der göttlichen Weisheit zwischen König Salomo und einer weiblichen
Abb. 7 Figur mit Kreuzesstab, vermutlich einer Verkörperung der Ecclesia. Alle drei Dargestellten sind Manifestationen der göttlichen Weisheit, die sich im Alten und Neuen Testament geoffenbart hat. Wie Salomo der weiseste Richter und Herrscher des Alten Bundes war, so ist Christus der neue Salomo, der am Tage des Gerichts das Richteramt ausüben wird. Maria, die Christus als inkarnierte göttliche Weisheit vorzeigt, hat hier eine der Darstellung des Sedes Sapientiae vergleichbare Funktion. Aus ihrem Schoß ist der Logos in die Welt eingegangen.

Abb. 7 Maria Platytera zwischen Salomo und der Ecclesia oder Sapientia
Syrien, 6. Jahrhundert

Tafel 8 Episode aus der Theophiluslegende. Ingeborg-Psalter. Frankreich, um 1200
Tafel 9 Episode aus der Theophiluslegende. Ingeborg-Psalter. Frankreich, um 1200

Ego sũ homo tuus

Ego ſum homo tuꝰ
Ego ſum homo tuꝰ

Auch Ecclesia, die Personifikation der christlichen Kirche, hat teil an der göttlichen Weisheit: die Heilige Schrift, die sie mit zeremoniell verhüllter Hand trägt, weist auf die Erfüllung der göttlichen Verheißungen durch das Leben Christi, wie der Kreuzesstab Siegeszeichen seiner Passion ist.

Vor den massiven Angriffen bis hin zur Zerstörung, denen das Bild in seiner Form als Porträtikone ausgesetzt war, insbesondere während des byzantinischen Bilderstreites und in der Reformation, blieb das erzählende Bild, die Szene, welche die Worte des Evangeliums oder ein Heiligenleben illustrierte, im Westen weitgehend verschont. Diese Art von Darstellungen geriet nicht in den Verdacht der Idolatrie, und der didaktische Wert einer Erzählung im Bild konnte in den Vordergrund gestellt werden. Beispielhaftes Leben und Wundertaten Christi oder der Heiligen wirkten erzieherisch und spornten zur Nachahmung an. Die Geschehnisse der Heilsgeschichte belehrten die Gläubigen über Vergangenheit und Zukunft der Christen. Das altbekannte Argument der Belehrung Unwissender (d. h. derer, die nicht lesen können) hat Darstellungen dieser Art stets gerechtfertigt. In karolingischer Zeit hat die weit über Gregor d. Gr. in die Zeit der frühen Kirchenväter zurückreichende Verteidigung erzählender Bilder bei Walafried Strabo eine für das Mittelalter verbindliche Formulierung gefunden: „Pictura est quaedam literatura illiterato" – Das Bild ist gewissermaßen die Schrift für den Ungebildeten.

Die Beurteilung einer erzählenden Darstellung als belehrend darf natürlich nicht außer acht lassen, daß ein Christus- oder Heiligen-Zyklus an der Wand eines Kirchenschiffes eine ganz andere Öffentlichkeit besaß als ein liturgisches Buch, dessen Illustrationen entsprechend den in ihm enthaltenen Evangelientexten gestaltet waren. Bis ins späte Mittelalter war das illuminierte Buch, ein Objekt äußerster Kostbarkeit und Kostspieligkeit, ausschließlich im Besitz der Kirche und der Fürsten, d. h. in den Händen von Klerikern und adeligen Laien, die in der Lage waren, Codices in Auftrag zu geben und – in der Regel – auch zu benutzen. Anders als zur Zeit des Duc de Berry waren prachtvoll ausgestattete Handschriften zunächst noch keine Kunst- und Sammelobjekte, wohl aber immer schon Zeichen von Prestige und Luxus, auch in der Kirche und den Klöstern.

In karolingischer und ottonischer Zeit erhielten nahezu ausschließlich sakrale Bücher (die Bibel, Evangeliare und die verschiedenen liturgischen Codices für den Gottesdienst und das klösterliche Chorgebet) Bildschmuck in Form von Miniaturen. Die für den liturgischen Gebrauch während der Messe hergestellten Bücher – neben den genannten Büchern mit den Texten der Heiligen Schrift auch die Antiphonare, Sakramentare, Missalien usw. – besaßen höchste Wertschätzung, da sie im Rang den Heiligtümern der Eucharistie und Reliquien gleichkamen, denn sie enthielten das Wort Gottes sowie Anweisungen für den zeremoniellen Ablauf der kultischen Feiern. Die Ausschmückung der Codices mit Miniaturen und die Verwendung kostbarer Materialien zu deren Herstellung und Gestaltung entsprechen der Bedeutung des heiligen Wortes. Zur Rechtfertigung schmückender Miniaturen in sakralen Werken kann man nicht mit der Belehrung Unwissender argumentieren, denn die Benutzer dieser Bücher gehörten zu dem außerordentlich kleinen Kreis der Lese- und Schriftkundigen im Mittelalter.

Hier wird deutlich, daß die Buchmalerei eine andere Verankerung im christlichen Lebensvollzug besitzt als die öffentlichen Wanddekorationen – obwohl die äußere Form beider Darstellungsweisen so wenig differiert, daß nachweislich die Vorlagen der Buchmaler auch für die Mosaizisten und Freskanten und umgekehrt benutzbar waren, d. h. die Inhalte sich nicht unterschieden und die Formen austauschbar waren. Dennoch hat die Buchmalerei zum einen eine eigene Tradition, die zum illuminierten Buch der Antike und Spätantike zurückreicht, wovon nur wenig erhalten geblieben ist; aber selbst dieser geringe Bestand, zum Teil nur aus karolingischen und mittelalterlichen Kopien zu rekonstruieren, beweist, daß der mit Miniatuen ausgestattete Text keineswegs eine christliche Erfindung gewesen ist. Zum anderen wird hier mit dem Anschauungsbedürfnis weniger des Leseunkundigen gerechnet, sondern durchaus und gerade mit dem Wunsch der gebildeten Oberschicht nach Umsetzung ins optisch Wahrnehmbare. Das geoffenbarte Wort tritt in Schrift und Bild vor Augen, wodurch der Darstellung eine andere Aufgabe zukommt als die der Belehrung, nämlich die der Veranschaulichung der Heilsgeschichte in den dargestellten Figuren und Szenen.

Tafel 10 Maria. Book of Kells. Irland, um 800
Tafel 11 Verkündigung, Heimsuchung und Geburt
Ingeborg-Psalter. Frankreich, um 1200

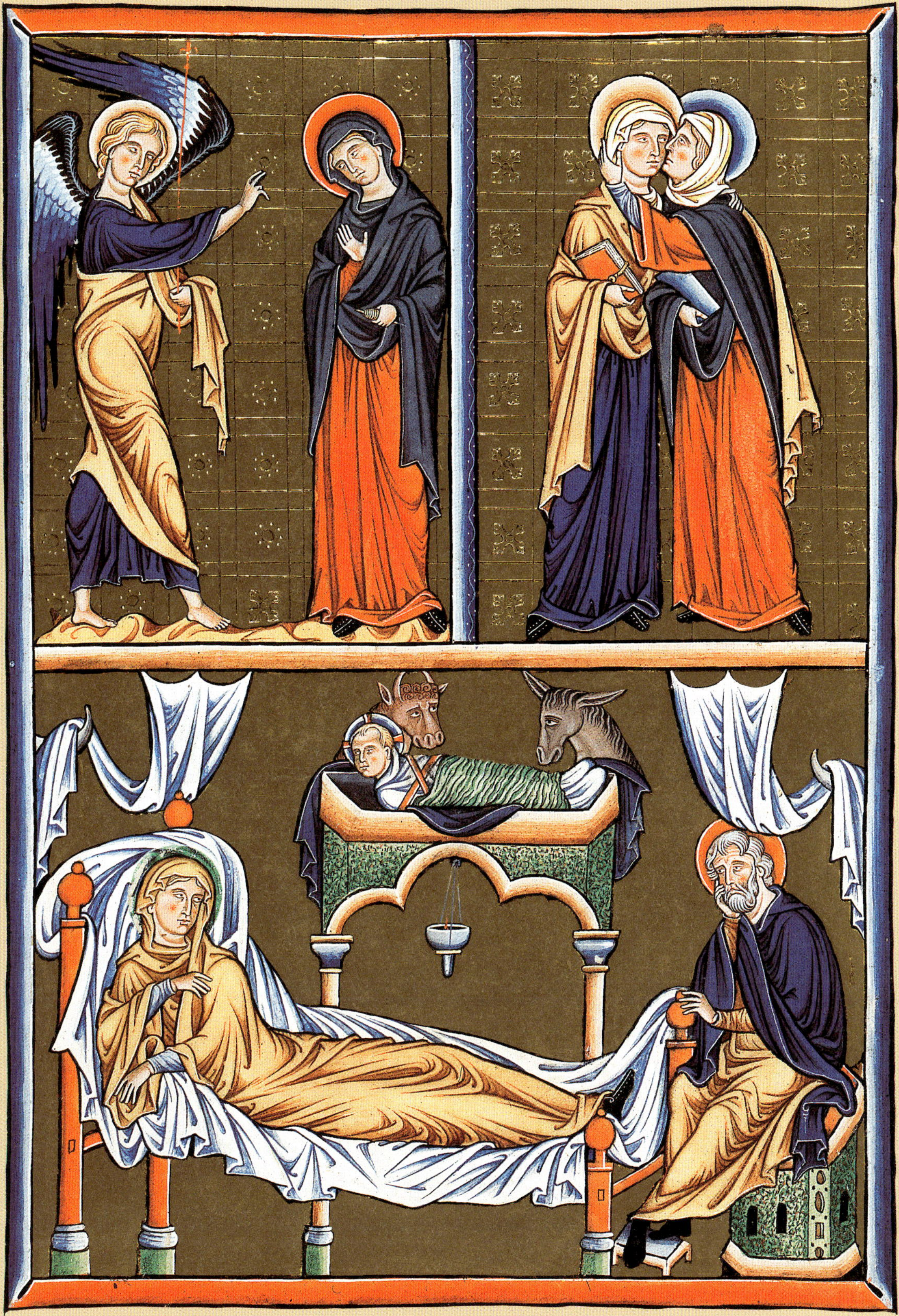

Mariendarstellungen in Christus-Zyklen

Die Figur Mariens im Kontext des Lebens Christi erscheint zunächst in den Codices, die als Evangeliare oder Evangelistare die für die Lesungen in der Messe benötigten Texte des Neuen Testaments enthielten. Nachdem in der karolingischen Epoche die Ausstattung sakraler Bücher mit szenischen ganzseitigen Miniaturen erst zögernd eingesetzt hatte und im wesentlichen auf die Verwendung erzählender Initialen beschränkt gewesen war, etwa im Drogo-Sakramentar, einer Metzer Handschrift aus der Mitte des 9. Jahrhunderts, entwickelte sich seit dem 10. Jahrhundert die zyklische Illustration, die gleichsam flankierend die Erzählungen der Evangelisten begleitete. Im Folgenden werden Miniaturen vorgestellt, die in chronologischer Reihung das Leben Christi in Einzelszenen nachzeichnen. Da hier keine Entwicklungsgeschichte der mittelalterlichen Buchmalerei aufgezeigt werden soll, sondern die Stationen der Heilsgeschichte, an denen Maria Anteil hat, richtet sich die Abfolge der Beispiele nicht nach der Datierung der Miniaturen, sondern nach der Position der dargestellten Szene innerhalb der evangelischen Berichte.

Tafel 12

Tafel 13

Der Zyklus beginnt mit den Bildern der Verkündigung, Heimsuchung und Geburt, die Maria naturgemäß eine große Bedeutung zumessen und auf eine lange ikonographische Tradition zurückschauen. Isoliert wie zwei Skulpturen vor einem ornametalen Hintergrund stehen sich Maria und der Verkündigungsengel im Ingeborg-Psalter (einer Handschrift für den königlichen Gebrauch, kurz vor 1200) gegenüber. Auch die zu einer Gruppe verschmelzenden Gestalten der beiden Schwangeren der Heimsuchungsszene, Maria und Elisabeth, kennen keine genaue Bestimmung von Ort und Raum. Lange Zeit bilden die Interaktionen der beteiligten Personen den Kern der Darstellungen. Sprechende Gesten verdeutlichen den Handlungsablauf, formelhaft ausgedrückte Gefühle lassen Reaktionen erkennen. Erst viel später wird die Verkündigungsszene in ein definierbares, in der Regel dann zeitgenössisch ausgestattetes Ambiente verlegt. Das für den privaten Gebrauch der Herzogstochter Maria von Burgund bestimmte Gebetbuch von 1470/80 setzt die Jungfrau vor einen Betschemel ihres wohnlich eingerichteten Gemachs. So empfängt sie den himmlischen Boten, der sich ihr durch die offene Bogenstellung

Tafel 11

Tafel 15

nähert, die Worte des englischen Grußes auf einer eleganten Schriftrolle vorweisend, während Gottvater auf seinem himmlischen Thron mittels der Taube des Heiligen Geistes bei der Jungfrau Maria die Empfängnis Christi ins Werk setzt.

Von jeher vielfältiger war das Bildpersonal der Geburt Christi. Neben Maria, die stets prominent und bildbestimmend auf dem Geburtslager gezeigt wird, sitzt Joseph, bisweilen schlafend (wie auf dem Weihnachtsbild des Antiphonars von St. Peter, circa 1160), stets aber mit der melancholisch-nachdenklichen Geste der in die Hand geschmiegten Wange; vielleicht auch Zeichen seiner Sorge, vermutlich eher noch Ausdruck seiner Nichtbeteiligung am Wunder der Inkarnation. Das Christuskind erscheint in den frühen Darstellungen als stramm gewickeltes Windelpaket in der Krippe, die von Ochs und Esel, den wohlvertrauten Bewohnern des Stalles von Bethlehem, bewacht wird. Wenngleich die beiden Tierfiguren heute durch die zahllosen Krippendarstellungen und Weihnachtslegenden bekannt sind, so haben sie doch kein auf die Texte der Evangelien zurückreichendes Platzrecht. Ihre Anwesenheit resultiert vielmehr aus dem Wunsch, Altes und Neues Testament miteinander in Einklang zu bringen, so daß das Prophetenwort des Jesaja vom Ochsen, der seinen Besitzer, und vom Esel, der die Krippe seines Herrn kennt, im Stall eine glückliche Sinnerfüllung fand. Die feste ikonographische Tradition von Ochse und Esel an der Krippe basiert auf apokryphen Legenden, die im 8./9. Jahrhundert in das neu kompilierte Pseudo-Matthäus-Evangelium aufgenommen wurden. Auf Lukas 2, 8–20 geht die Anwesenheit der Hirten bei der Geburt Christi zurück, die als Zeugen von den himmlischen Heerscharen an den Ort des Wunders gewiesen werden (Antiphonar von St. Peter). Während romanische Miniaturen ein unverbundenes und unvermitteltes Nebeneinander von Geburtsstätte und Nebenszenen, wie Verkündigung an die Hirten oder das aus byzantinischen Vorlagen stammende Bad des Neugeborenen, bieten, wird die Hirtenverkündigung in spätmittelalterlichen Malereien entweder zu einer winzigen Hintergrundsszene, die sich in der weiten Landschaft des Bildes ereignet, oder zu einem eigenständigen Bildthema, das die Anbetung des Kindes durch die Hirten in Analogie zur Huldigung der Magier darstellt.

Tafel 14
Tafel 14

Tafel 12 Epiphanie
Reichenauer Evangelistar. Schule von Reichenau, 2. Hälfte 11. Jahrhundert
Tafel 13 Beschneidung. Drogo-Sakramentar. Metz, um 850

Die Formulierung des Weihnachtsthemas im Stundenbuch König Ferdinands I. (um 1530), hier jedoch nicht als Illustration eines Evan-
Tafel 16 gelientextes, sondern als ein das Marienoffizium begleitendes Bild, zeigt Maria als Mittelpunkt eines stimmungsvollen Miniaturgemäldes, dessen Holz imitierende Rahmenleisten zusätzlich mit der Illusion des Tafelbildes auf der Buchseite spielen. Die locker auf den Bildrand „aufgelegten" Blüten und Tiere in Trompe-l'oeil-Effekt verstärken den Eindruck, daß hier die Grenzen des Mediums Buchmalerei aufgelöst werden sollen. Maria kniet auf dem Boden und zieht einen Schleier über das nackt vor ihr liegende Christuskind, das aus sich heraus leuchtet und in die Dunkelheit strahlt. Der Stall hat sich in eine ruinenhafte Architektur verwandelt. Verschiedene Details weisen auf die Quelle hin, aus der sich die neuen Bildmotive rekrutieren: die Visionen der heiligen Birgitta von Schweden, die 1344–73 die ihr zuteil gewordene Schau der Geschehnisse im Leben Christi und anderes mehr schriftlich festhielt. Viele ikonographische Neuerungen, die in der frühen niederländischen Malerei anzutreffen sind, gehen auf die Offenbarungen dieser Heiligen zurück.

Die Anbetung des Kindes durch die Weisen aus dem Morgenland, die dem Neugeborenen im Stall ihre Huldigung entbieten, war das Thema des traditionellen Weihnachtsbildes und –festes der Ostkirche. Die Gold, Weihrauch und Myrrhe darbringenden Sternkundigen galten als Repräsentanten der Heiden, die in der Weihnachtsgeschichte des Matthäus als erste dem Messias ihre Reverenz erwiesen (Epipha-
Tafel 12 niebild des Reichenauer Evangelistars, zweite Hälfte des 11. Jahrhunderts). In der Form der Darstellung und bald auch in der Ausdeutung wandelten sich die drei Magier zu Königen, die in Vertretung der drei Erdteile Christus als dem König der Könige huldigten und ihre Unter-
Tafel 17 werfung anboten. Die Anbetungsminiatur des Gebetbuches Jakobs IV. von Schottland (1503–13), eine Stundenbuchillustration und keine Darstellung zu einem Evangelientext, die bereits durch den Bildausschnitt auf die gleichzeitige Tafelmalerei verweist, läßt auch die burgundische und italienische Entwicklung im 15. Jahrhundert erkennen, die den Auftraggebern und hochgestellten Persönlichkeiten die Möglichkeit gibt, in die Rolle eines der im Bild dargestellten Könige zu schlüpfen, um so persönlich dem göttlichen Kind zu huldigen.

Nach jüdischem Brauch wurde Jesus nach vierzig Tagen von seinen Eltern zur Beschneidung in den Tempel nach Jerusalem gebracht, wo er dem greisen Simeon begegnete, dem prophezeit worden war, daß er nicht sterben werde, bevor seine Augen nicht den Heiland erblickt hätten. Das Drogo-Sakramentar, eine karolingische Handschrift aus der Mitte des 9. Jahrhunderts mit den Texten für die Gottesdienstfeier, zeigt die Szene zu Beginn der Meßfeier des Festes Mariä Reinigung am 2. Februar. Während spätere Datierungen stärker auf die Umwandlung der Praesentatio Christi in ein reines Marienfest eingehen, wird hier noch eindeutig nur die Darstellung des Kindes vor Augen geführt. Die O-Initiale des Wortes OMNIPOTENS umschließt in eleganter vegetabiler Gestaltung die Baldachinarchitektur, ein Zitat des Tempels von Jerusalem, unter dessen Kuppel der Altar der Beschneidung steht. Tafel 13

Zeitlich folgt der Darstellung im Tempel die Flucht nach Ägypten, die nötig wird, als der von den drei Weisen überlistete König Herodes die Ermordung der Kinder von Bethlehem anordnet. Die Warnung des Engels jedoch bewahrt das Kind vor Nachstellungen. Seine Eltern fliehen mit ihm nach Ägypten und bringen es dort in Sicherheit. So vereint die Miniatur des Ingeborg-Psalters (kurz vor 1200) folgerichtig zwei Szenen auf einer Buchseite: in der oberen Bildhälfte thront Herodes ungerührt inmitten des bethlehemitischen Mordens, unmittelbar darunter sitzt Maria auf dem Rücken eines Esels, der Mutter und Kind, von Joseph geleitet, nach Ägypten bringt. Die Gestalt des jungen Dieners, der den Esel am Zaumzeug hält, entspricht in einprägsamer Parallelität dem jugendlichen Kriegsknecht, der genau über ihm auf Weisung des Herodes die Tötung eines Neugeborenen vollziehen muß. Während der schönlockige Soldat mit einem Ausdruck des Schmerzes und der Trauer seine Mordtat ausführt, blickt der Jüngling, der Maria und ihr Kind auf der Flucht begleitet, glücklich auf die Geretteten. Sehr subtil hat der Buchmaler hier veranschaulicht, wie bedrückend sich einerseits der Dienst für König Herodes, den Bösen schlechthin, auswirkt und wie beglückend andererseits der Dienst für Maria und Christus ist. Abb. 8

Die sehr viel spätere Miniatur aus dem Gebetbuch Jakobs IV. von Schottland (1503–13), die wie ein Altarblatt von imitiertem gotischem Rahmenwerk mit Reliefs, Maßwerk, heiligen Figuren unter Baldachinen und Fialen umgeben ist, kennt andere erzählerische Details der Flucht nach Ägypten, die der neutestamentlichen Schilderung des Vorgangs durch die Ausschmückungen der apokryphen Schriften und mittelalterlichen Legenden zugewachsen sind. Die Ruhe auf der Flucht, die sich die Reisenden gönnen, ist Kristallisationspunkt vieler Tafel 18

Tafel 14 Geburt Christi. Antiphonar von St. Peter. Salzburg, um 1150
Tafel 15 Verkündigung
Stundenbuch der Maria von Burgund. Flämisch, zwischen 1470 und 1480

Aue gratia

Abb. 8 Bethlehemitischer Kindermord und die Flucht nach Ägypten
Ingeborg-Psalter. Frankreich, um 1200

wunderbarer Ereignisse, die hier im Bild jedoch reduziert sind auf die Rast einer reisenden Bürgerfamilie: Picknickkorb und Tischtuch sind dabei, die Mutter stillt das Kind im Schatten eines Busches, Joseph ist zu einem nahen Bach gegangen, um Wasser zu schöpfen. Statt der gefahrvollen Wanderung durch die Wüste, wo wilde Tiere und Dürre die Flüchtenden bedrohten, führt die Reise durch eine romantisch-bizarre Landschaft; zeitgenössische Häuser und eine gotische Kirche im Hintergrund bilden die Kulisse für winzige Szenen aus dem ländlichen Leben: Bauern, Soldaten, Reiter gehen ihrem Tagwerk nach, der Weg nach Ägypten führte um 1500 ganz offensichtlich durch Flandern.

Die Auffindung des zwölfjährigen Jesus im Tempel, den seine Eltern nach der Heimkehr von der Feier des Passahfestes vermissen und erst nach dreitägigem bangem Suchen im Kreis der Gelehrten des Jerusalemer Tempels wiederfinden, billigt Maria in Text und Bild nur eine Nebenrolle zu, so wie auch die Illustration der Szene im Mosaner Psalterfragment (Mitte des 12. Jahrhunderts) ihr konkret nur eine Position am Rande des Geschehens zuweist. Um vieles wichtiger als die Mutter ist hier der Knabe, der mit seiner Antwort, daß er sein muß „in dem, was meines Vaters ist", auf seine Gottessohnschaft hinweist und sich gegen die Ansprüche und die Fürsorge seiner irdischen Eltern verwahrt. Abb. 9

Mit dieser Episode aus dem Leben des heranwachsenden Jesus enden die Erzählungen der Evangelien, die der Kindheit und der Jugend Christi und somit auch seiner Mutter Maria gewidmet sind. Lediglich indirekte Aussagen Christi über seine Familie bzw. seine Mutter, die stets schroffe Absagen enthalten, werden später noch bei Markus und Lukas erwähnt. Sie lassen aber Maria nicht mehr in einem Handlungszusammenhang erscheinen und sind auch nie bildlich dargestellt worden.

Eine besondere Bedeutung kommt bei Johannes, der ja keine Kindheitsgeschichte überliefert, der Verwandlung des Wassers in Wein zu, die in den Bericht über die Teilnahme Mariens und ihres Sohnes bei einer Hochzeitsfeierlichkeit in Kana gekleidet ist. In Wahrheit jedoch bildet die Wundererzählung in der literarischen Form, die dem Johannes-Evangelium eigen ist, eine symbolische Aussage Christi zu seiner Passion. Die Wechselrede zwischen Christus und seiner Mutter, die ihn um ein Wunder bittet, enthält auf den ersten Blick eine deut-

Tafel 16 Geburt Christi. Stundenbuch König Ferdinands I. Flämisch, um 1530
Tafel 17 Epiphanie
Gebetbuch Jakobs IV. von Schottland. Gent-Brügge, zwischen 1503 und 1513

Abb. 9 Der zwölfjährige Jesus im Tempel
Mosaner Psalter-Fragment. Mitte 12. Jahrhundert

liche Zurückweisung Mariens. Entscheidend aber sind die Aussage Christi, daß seine Zeit noch nicht gekommen sei, und die darauf erfolgende Verwandlung von Wasser in Wein (in Anspielung auf Kreuzestod und Eucharistie). Die Szene wurde zwar im Kontext der Evangelien illustriert, aber sie weist keinen spezifischen Bezug zu Maria auf. Die Hochzeit von Kana ist so, wie Johannes sie gemeint hat, stets ein rein christologisches Thema geblieben.

Erst anläßlich der Kreuzigung erweckt die Gestalt der Mutter wieder Aufmerksamkeit, zumindest bei Johannes, der die Rede Christi vom Kreuz herab an seine Mutter und seinen Lieblingsjünger überliefert. Der Augenblick des Gesprächs Christi mit Maria und Johannes ist der Kerngehalt ungezählter Kreuzigungsgruppen, die – wie beispielsweise das privater Frömmigkeitspraxis dienende Dubliner Rosarium aus der ersten Hälfte des 16. Jahrhunderts – die Handlung aus dem historischen Ambiente des Kalvarienberges gelöst und das Motiv der Klage um den am Kreuz Sterbenden durch die Konzentration auf die davon am meisten Betroffenen verschärft haben. Die am Fuß des Kreuzes betende Magdalena, die ebenfalls von Johannes genannt wird, betont den Gedanken des Mitleidens, zu dem die Darstellung den Gläubigen anregen soll. Tafel 19

Kreuzabnahme und Grablegung sind Szenen, die in der christlichen Ikonographie traditionell mit Maria als der Hauptleidtragenden verbunden sind. Obgleich keines der Evangelien, ausgenommen das des Johannes, dessen Bericht aber wiederum stark symbolische Züge aufweist, die Anwesenheit der Mutter bei der Kreuzigung betont, wird die Erwähnung der verschiedenen Frauen, die Christus nach der Überlieferung „aus Galiläa nachgefolgt waren" (Lk 22,49), stets auf die sogenannten drei Marien gedeutet: Maria, die Herrenmutter, Maria Magdalena und eine weitere Maria. Nach dem Wortlaut aller vier Evangelien erwirkte Joseph von Arimathia, ein heimlicher Christ, von Pilatus die Freigabe des Leichnams, den er (bei Johannes mit Hilfe des Nikodemus) vom Kreuz abnahm und in ein leeres Felsengrab legte. Die christliche Vorstellung hat aus diesem Stoff drei Bildthemen entwickelt: die Kreuzabnahme, die Beweinung des vom Kreuz abgenommenen Toten und seine Grablegung. Keine dieser Darstellungen war für das Verständnis des mittelalterlichen Gläubigen denkbar ohne die Anwesenheit Mariens, die in ihrer Eigenschaft als Schmerzensmutter unter dem Kreuz ihre Verdienste um das Heil der Menschen erwarb. Ihre Haltung, die Compassio (wörtlich: das Mit-Leiden, die Teilhabe an der Passion Christi), ist es auch, die ihre Person in den Bildern so wichtig und prominent werden läßt, denn so, wie sie am Leiden des Sohnes partizipiert, es empfindet und darauf reagiert, soll jeder Christ auf die Geschehnisse der Passion eingehen, sie nachempfinden. Tafeln 20, 22 Tafeln 20, 21, 22

Diese Gedankengänge über die Rolle Mariens bei der Passion stellen eine mit dem mystischen Gedankengut einhergehende Entwicklung dar, die einen generellen Wandel des Passionsverständnisses vom triumphierenden Sieger-Christus zum leidenden Menschen in Theologie und Frömmigkeit voraussetzt. Daneben hat die Betonung der Mutter-Sohn-Beziehung im Augenblick des Todes noch eine tiefere

Tafel 18 Ruhe auf der Flucht nach Ägypten
Gebetbuch Jakobs IV. von Schottland. Gent-Brügge, zwischen 1503 und 1513
Tafel 19 Christus am Kreuz. Rosarium. Flämisch, 1. Hälfte 16. Jahrhundert

Motivation: Maria hat hier die archetypische Rolle der um ihren toten Sohn trauernden Mutter, eines Prototyps des Weiblichen, den viele antike Muttergottheiten verkörperten. Der Schoß, der das Leben geboren hat, nimmt es am Ende wieder auf. Seinen sprechendsten Ausdruck hat dieser Gedanke in der Ausbildung der Pietà, des Andachtsbildes zur Vesper, gefunden.

Das Mitleiden unter dem Kreuz war aber auch ein gewichtiges theologisches Argument für die Macht Mariens, die ihr als Fürsprecherin der Menschen bei ihrem Sohn und besonders im Jüngsten Gericht zugesprochen wird. Durch das Leiden „in anima" (das seelische Mitleiden), anstelle der „passio in carne" (das körperliche Leiden), die Christus erduldet, wird Maria zur Märtyrerin, ja zur Königin der Märtyrer, ohne selbst ihr Leben verloren zu haben – was für die übrigen „Blutzeugen" Christi Voraussetzung ihrer Anerkennung war. Bereits im 8. Jahrhundert verfocht Johannes von Damaskus diese Argumente, spätestens seit dem 9. Jahrhundert waren die Gedanken der besonderen Verdienste Mariens unter dem Kreuz auch im Westen geläufig. Es wäre demnach geradezu unverständlich gewesen, hätten Maler, Buchmaler und Bildhauer des Mittelalters Maria nicht als die erste und wichtigste Frau unter dem Kreuz dargestellt, auch wenn sie – der Überlieferung zufolge – gar nicht unbedingt anwesend war – bzw. ihr Dasein zunächst keine sonderliche Beachtung fand.

So ist also es stets Maria, die Mutter, die an erster Stelle trauert, weint, zusammenbricht, Kopf oder Hände des Toten noch ein letztes Mal küßt. Bei der Abnahme des Leichnams vom Kreuz, die das Gebet-
Tafel 20 buch der Maria von Burgund zeigt, ist Maria im Bildvordergrund zusammengesunken, Johannes und die beiden anderen Frauen stützen sie und klagen mit ihr, während die Männer den Toten gerade vom
Tafel 21 Holz herunternehmen. Die Miniatur der Beweinung aus dem Dubliner Rosarium (erste Hälfte des 16. Jahrhunderts) gibt Maria Gelegenheit, den bereits auf dem Leichentuch liegenden Sohn, den Johannes im Rücken stützt, anbetend zu betrauern. Der hinter den Köpfen aufragende Kreuzesstamm lokalisiert die Szene auf dem Golgatha-Hügel, und im Hintergrund der Landschaft ist links das offene Felsengrab zu sehen, in das die Männer den Toten legen. Diese Szene der Grablegung
Tafel 22 wurde im Gebetbuch der Maria von Burgund zu einem eigenen Bildmotiv ausgeformt, das vor der malerischen Kulisse des mittelalterlich gestalteten Jerusalem mit dem aufragenden Tempel die Bettung des Toten in einen Steinsarkophag zeigt. Hier hält die Mutter abschiednehmend Arm und Hand Christi umfangen, wobei sie von Johannes gestützt werden muß. Im Bildvordergrund sieht man Maria Magda-

lena (erkennbar an ihrem langen, offenen Haar und dem Salbgefäß), die vor dem Sarkophag kniet und die Rechte Christi hält und küßt.

Es ist wichtig, sich vor Augen zu führen, daß die drei letztgenannten Miniaturen zwar alle im historischen Umfeld der Passion Christi angesiedelt sind (auch wenn die dargestellten Personen nicht alle in dieser Weise von den Evangelisten überliefert werden), daß aber alle diese Bilder nicht aus liturgischen Codices stammen, sondern spätmittelalterlichen Stundenbüchern entnommen sind. In deren Bildausstattung erscheinen Darstellungen der Passion im Kontext der Stundengebete zum Kreuzesoffizium. Die Herkunft dieser Miniaturen aus für Laien konzipierten Andachts- und Gebetbüchern erklärt die vermehrte Ausschmückung mit erzählerischen Details ebenso wie die Ausrichtung der Figuren auf den Betrachter, dessen Mitleiden erregt werden soll.

Weniger deutlich ist die Hervorhebung Mariens beim Gang der Frauen zum Grab, um den Leichnam zu salben. Da weder die Evangelisten von dem Grabbesuch der Mutter berichten, noch eine Anwesenheit Mariens theologisch unabdingbar oder folgenschwer zu interpretieren wäre, hat sich zu dieser Szene keine spezifische Marienikonographie entwickelt. Hier gebührt eindeutig Maria Magdalena, der auch der auferstandene Christus erscheint, der Vorrang, ansonsten variieren die überlieferten Namen.

Weder in den Evangelien noch in der Apostelgeschichte wird erwähnt, daß die Herrenmutter bei der auf die Auferstehung folgenden Himmelfahrt Christi anwesend war. Und doch wird sie seit den frühesten Beispielen der Darstellung der Himmelfahrt im Kreis der Apostel abgebildet, meist sogar an zentraler Stelle oder die Reihe der Apostel anführend. Bereits das Rabbula-Evangeliar, eine um 586 in Mesopotamien entstandene syrische Handschrift, gewährt Maria diese besondere Position. Sie steht in der Mitte der zweigeteilten Schar der aufblickenden Jünger, denen die „Männer in weißen Kleidern" aus der Apostelgeschichte (1,10) das Geschehen in der oberen Bildhälfte, die Auffahrt Christi in den Himmel, erklären. Während die Apostel heftig reagieren, deuten, gestikulieren, um ihr Staunen zum Ausdruck zu bringen, steht die Jungfrau unbewegt in Orantenhaltung unter der Mandorla ihres von Engeln getragenen Sohnes. Sie ist mit kaiserlichem

Abb. 10

Tafel 20 Kreuzabnahme
Stundenbuch der Maria von Burgund. Flämisch, zwischen 1470 und 1480
Tafel 21 Beweinung. Rosarium. Flämisch, 1. Hälfte 16. Jahrhundert

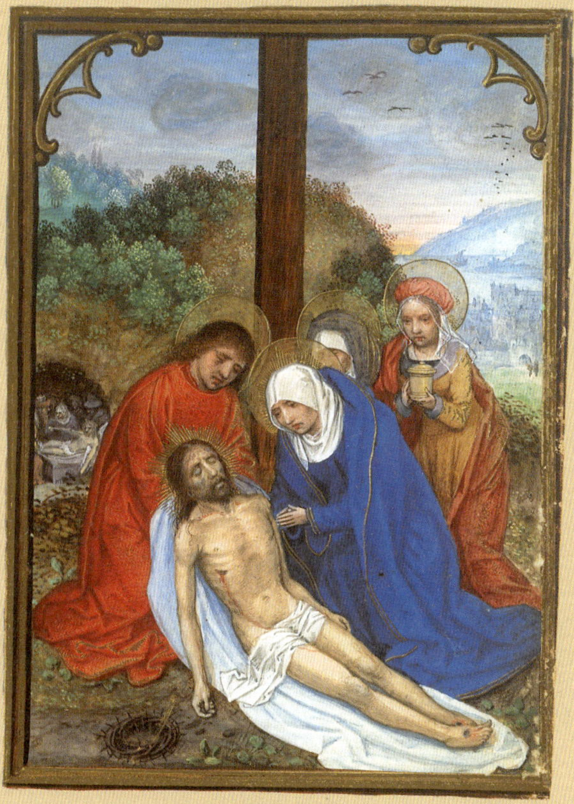

Abb. 10 Himmelfahrt. Rabbula-Evangeliar. Um 586

Purpur gekleidet, und ihre Gestalt ist größer als die Figur des Auffahrenden.

Es ist leicht ersichtlich, daß es dem Maler hier nicht darum geht, die menschliche Anteilnahme der Mutter an der Erhöhung ihres Sohnes zu demonstrieren, wie beispielsweise bei der Kreuzigung der Aspekt der Compassio ihre Anwesenheit wichtig und verständlich gemacht hat. Hier wird vielmehr eine dogmatische Aussage illustriert, die von den Quellen der Überlieferung gänzlich losgelöst ist. Das Thema dieser Darstellung ist die Verherrlichung der Zwei-Naturen-Lehre, wie sie in den Konzilsbeschlüssen des 4. und 5. Jahrhunderts festgelegt wurde. Christi göttliche Natur wird enthüllt durch seine Aufnahme in den Himmel, hier ausgedrückt durch das Auffahren und die verehrenden Engel. Maria aber steht als Garantin der Inkarnation und als Verkörperung der Ecclesia, der von Christus auf der Erde zurückgelassenen Kirche, die jetzt in der Obhut seiner Apostel verbleibt. Die Identifikation Mariens mit der Ecclesia geht auf Textauslegungen der Apokalypse (Kap. 12) durch die Kirchenväter zurück und mündet im Mittelalter in dem großen Komplex der Brautsymbolik, in der Maria-Ecclesia mit der gläubig wartenden und von Christus, dem Bräutigam, heimgeholten und erhöhten Braut verschmilzt.

Die raumfüllende Komposition der Himmelfahrtsminiatur aus dem Rabbula-Codex verweist auf das Medium der Vorlage, die dem Buchbild zugrunde liegt: vermutlich handelt es sich um die Übernahme einer monumentalen frühchristlichen Wanddekoration, wie sie sich sehr wahrscheinlich in der Kirche auf dem Ölberg befunden hat, dem Ort der Himmelfahrt Christi. Darstellungen an so wichtigen Plätzen der Christenheit waren bevorzugt mit dogmatischen Bildprogrammen ausgestattet und besaßen weitreichenden Vorbildcharakter.

Die fast tausend Jahre später entstandene Himmelfahrtsminiatur aus dem Dubliner Rosarium präsentiert eine wesentlich veränderte Abb. 11
Form der Darstellung. Da die Zwei-Naturen-Lehre längst nicht mehr der Kernpunkt des Interesses ist, wird auch Mariens Position relativiert, im wörtlichen Sinne an den Rand gedrängt. Sie gehört zwar immer noch zu den leicht identifizierbaren, nur wenig überschnittenen Vollfiguren des Bildvordergrundes, aber sie ist, wie die Apostel auch, lediglich Zeugin des unerhörten Geschehens der Himmelfahrt

Tafel 22 Grablegung
Stundenbuch der Maria von Burgund. Flämisch, zwischen 1470 und 1480
Tafel 23 Pfingsten. Rosarium. Flämisch, 1. Hälfte 16. Jahrhundert

Abb. 11 Himmelfahrt
Rosarium. Flämisch, 1. Hälfte 16. Jahrhundert

ihres Sohnes, von welchem nur noch Gewandsaum und Füße am oberen Bildrand zu sehen sind. Der Rest seines Körpers steckt hinter dem Bildrahmen, d. h. hinter einer visuellen Schranke, den Blicken der auf der Erde Zurückgebliebenen entzogen.

Ähnlich wie für die Himmelfahrt gibt es auch für die Ausgießung des Heiligen Geistes keine in der Heiligen Schrift belegte Tradition der Anwesenheit Mariens; lediglich ein Hinweis der Apostelgeschichte (1,14), daß Maria zusammen mit den Aposteln und den Frauen, die Christus gefolgt waren, in Jerusalem lebte, kann als Anlaß gedient haben, vom Dabeisein Mariens beim Pfingstwunder auszugehen: „Und als der Tag der Pfingsten erfüllt war, waren sie alle einmütig beieinander" (Apg 2,1). Genauso „einmütig beieinander" ist die Jungfrau
Tafel 23 im Kreis der Apostel gezeigt, wie sie mit ihnen der Ausgießung des Heiligen Geistes teilhaftig wird (Dubliner Rosarium).

Daß Maria auch in dieser Darstellung so zentral postiert wird, hängt mit der theologischen Interpretation der Pfingstszene und der Bedeutung zusammen, die man der Mutter Christi bei diesem Geschehen zumaß. Wieder steht Maria als Sinnbild der Kirche, umrahmt von den Aposteln, denen durch den Empfang des Heiligen Geistes der Auftrag gegeben wird, diese Kirche im Namen Christi in alle Welt zu verbreiten. So ist es kein Zufall, daß die Miniatur des Dubliner Rosariums zum Pfingstthema die Jungfrau direkt unter die Geisttaube plaziert. Ihr Kopf ist mit goldenen Strahlen umgeben, während die Apostel nur feine Scheibennimben tragen. Jeder der Jünger reagiert in irgendeiner Form auf die göttliche Erscheinung, Maria hingegen bleibt über einem Gebetbuch still in sich versunken, die Hände gefaltet, den Kopf demütig geneigt, die Augen niedergeschlagen. Es ist deutlich, daß die Begegnung mit der Geisttaube die Assoziation mit der Verkündigungsszene nahelegt: Maria kann diese Situation gelassen aufnehmen; sie ist der innere Mittelpunkt des Geschehens. Die beiden im Vordergrund knienden Apostel drücken mit ihren erhobenen Armen zwar sicher Staunen und Erschrecken aus, aber gleichzeitig scheinen ihre gehobenen Hände auch der heiligen Mutter Kirche, Maria, zu akklamieren. Das Pfingstgeschehen ist die letzte in den Evangelien überlieferte Station der Heilsgeschichte, die mit Maria in Verbindung gesetzt wird. Die Anwesenheit der Mutter bei den beiden wichtigen Ereignissen nach der Auferstehung zeigt in der Art, wie sie dargestellt wird, daß Maria nicht einfach als historisch anwesend verstanden wurde, denn dafür fehlen die Belege der Schrift. Vielmehr wird die Gottesmutter hier programmatisch zitiert – so wie sie bei der Himmelfahrt, die Christi göttliche Natur enthüllt, als Zeugin der zweiten Natur des Gottessohnes auftritt, die das Wunder der Himmelsaufnahme in die richtige theologische Dimension hebt. Ebenso ist bei der Pfingstszene Maria weniger als historische Figur gemeint, sondern ihre Rolle als Personifikation der Ecclesia, der Kirche Christi.

Dem Betrachter der letztgenannten Miniaturen wird deutlich, wie subtil die Formen der Darstellung variieren können. Es ist unübersehbar, daß Maria in der Himmelfahrtsszene und im Pfingstwunder anders herausgestellt wird als in den erzählenden Episoden aus dem Leben Christi. Heute werden oft aus Unkenntnis der Quellenlage diese Nuancen übersehen, die Buchmaler hingegen haben sehr genau um diese Unterschiede gewußt und waren in der Lage, mit ihren bildnerischen Mitteln differenziert umzugehen. Sie berücksichtigen die theologischen Argumente der Frühzeit, die längst Bild-Formulierungen

Tafel 24 Strahlenkranzmadonna. Rothschild-Gebetbuch. Flämisch, 1510–1520
Tafel 25 Textbeginn der Andacht zu den Sieben Freuden Mariä
Rothschild-Gebetbuch. Flämisch, 1510–1520

Incipiunt septem gaudia beate
marie virginis
Gaude flore vir
ginali que ho
nore speciali Trā
sciendis splendi
ferum: Angelorum principati
& scōrum decoratum. dignitate
numerum Gaude sponsa cara
dei nam ut lux clara diei. solis da
tur lumine sic tu facis orbem vere
tue pacis resplendere lucis plenitu
dine Gaude splendens vas
virtutum. cuius sedes est ad nu
tum tota celi curia Te benignam
et felicem. Jhū dignam genitricē
venerans in gloria Gaude nex
u voluntatis. & amplexu caritat

gefunden hatten, und benutzten sie, um mit dem zeitgenössischen Betrachter auf zwei Ebenen gleichzeitig zu kommunizieren. Dieser wußte einerseits um die Bedeutung der Präsenz Mariens in diesen Szenen (und konnte dies in der Darstellung erkennen), gleichzeitig aber war die Gottesmutter andererseits so in das Geschehen integriert, wie es der mittelalterlichen Vorstellung vom Rang Mariens entsprach.

Bilder der Marienlegende

Während die Illustrationen der Evangelien einen direkten Bezug zu den Texten der jeweiligen Codices im Sinne einer unmittelbaren Relation zwischen Text und Bild aufweisen, führen die gesteigerte Marienverehrung und die Rolle, die Maria in Liturgie und Gebet spielt, zur Aufnahme marianischer Motive in Psalterien, Breviere und Stundenbücher. Diese Motive wurden erst nach der Entstehung der apokryphen Schriften des 2. Jahrhunderts und zum Teil auch der mittelalterlichen Legenden ausgebildet und stehen deshalb in keiner kanonischen Tradition. Die Erzählungen des Marienlebens rekonstruieren den Lebensweg der Jungfrau Maria von den wunderbaren Ereignissen um ihre Eltern Joachim und Anna bis zu ihrem Tod bzw. ihrer Himmelfahrt. Ferner gehören hierzu Darstellungen der Marienwunder, die seit dem frühen Mittelalter auch im Westen kursieren und die segensreiche Tätigkeit der Jungfrau für die bedrängte und sündige Menschheit zum Thema haben. Die Aufnahme dieser Bildthemen erfolgte nicht in die Evangeliare und liturgischen Codices, die in Kirche und Kloster verwendet wurden, sondern in erster Linie in die für die adeligen Laien (und später auch für die besonders finanzkräftigen Bürger) hergestellten Stundenbücher (Livres d´heures).

Seit dem 9. Jahrhundert entwickelte sich neben dem Brevier, das die 150 Psalmen und die liturgischen Gebete für die Kleriker enthält, eine weitere Sammlung spezieller Texte für die Laien, die entsprechend dem mönchischen Chorgebet in sieben sogenannte „Tagzeiten" (septem horae) gegliedert ist: beginnend mit den Laudes, dem Morgenlob vor Sonnenaufgang, erstrecken sich diese über Prim, Terz, Sext und Non zur ersten, dritten, sechsten und neunten Stunde des Tages bis zur Vesper am Abend und zur Complet, dem Nachtgebet, umfassen alle Zeiten des Tages und sparen nur das nächtliche Offizium der Mönche und Kleriker aus. Diese Bücher enthalten für den privaten Gebrauch gekürzte liturgische Texte, deren Kern das Marienoffizium bildet. Die lateinische Bezeichnung „Horae" oder „Officia Beatae Virginis

Tafel 26 Beweinung
Gebetbuch Jakobs IV. von Schottland. Gent-Brügge, zwischen 1503 und 1513
Tafel 27 Tod Mariens
Festtagsevangelistar mit Kanontafeln. Schule von Reichenau, um 1030

hanc orationem supplicem suscipi
at et exaudiat et uitam eternam
michi tribuat. Audi et exaudi me
dulcissima uirgo maria mater
dei et misericordie Amen. Deuotis
sima oratio ad beatam uirginem
mariam, et ad sanctum iohannem

O intemera
ta et in eternum
benedicta Sin
gularis atque
incompara
bilis uirgo
dei genitrix
maria gra
tissimum dei templum Spiritus
sancti sacrarium ianua regni ce
lorum per quam post deum totus
uiuit orbis terrarum Inclina
aures tue pietatis indignissimis

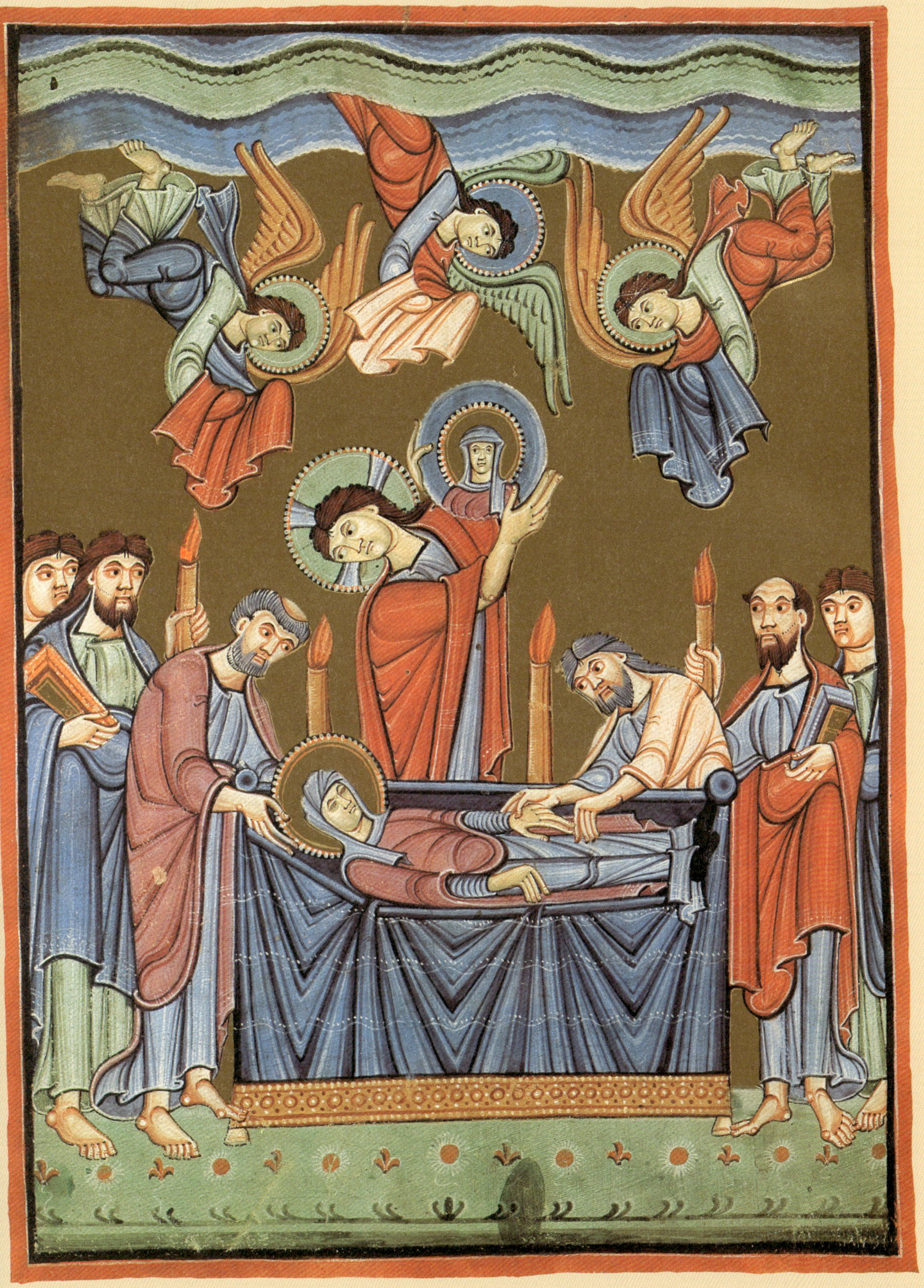

Mariae" ist davon abgeleitet. Neben den verschiedenen Officia bilden Bußpsalmen und die Allerheiligenlitanei weitere ursprüngliche Bestandteile der Livres d'heures, dazu treten Evangelienperikopen zur Lesung nach dem Kirchenjahr, kleinere Andachtstexte und einzelne Gebete sowie immer ein Heiligenkalender.

Je nach Stand und Vermögen der Auftraggeber wurden diese privaten Andachtsbücher mit prächtigen Miniaturen versehen. Ganz allgemein haben die Bilder, darunter oft auch ein Stifterbild, in den Stundenbüchern eine andere Beziehung zu den Texten und auch eine andere Funktion als die Miniaturen der Evangeliare. Form und Inhalt der Texte, z. B. Gebete und Litaneien, erlauben keine herkömmlichen Illustrationsschemata, häufig nicht einmal die Verwendung bekannter ikonographischer Motive, sondern verlangen neue Bilderfindungen. Auch ist die Aufgabe der Bilder in dieser Art von Büchern eine andere als bei der Bebilderung der Heiligen Schrift, wo die Miniatur eine dem geschriebenen Wort vergleichbare Veranschaulichung der Heilsgeschichte mit geradezu sakralem Charakter darstellt. Dagegen haben die Abbildungen in Stundenbüchern, sofern sie nicht bekannte erzählende Texte, wie beispielsweise eingefügte Heiligenlegenden oder Evangelienperikopen, begleiten, zumeist den Wert eines Andachtsbildes, das den Betrachter, der ja zugleich auch der Beter ist, über die Versenkung in das Anschauliche zum Kern des Gebetes führen soll. Hier gewinnt die alte Aufgabe der Bilder, ihre didaktische Funktion, eine aktualisierte Dimension im Zusammenhang mit der mystischen Laienfrömmigkeit, die sich seit dem 12., verstärkt aber mit der Verbreitung der Bettelorden im 13. Jahrhundert in Europa durchsetzt. Da das vorgegebene ikonographische Repertoire der Buchmalerei angesichts dieser Erfordernisse oft versagte, waren die Miniaturisten gezwungen, neue, passende Bildformeln zu suchen, so daß es in manchen Fällen zu Übernahmen aus dem Motivbereich der Tafelmalerei und auch der Skulptur kam. Die Miniatur der halbfigurigen Madonna auf der Mondsichel, über deren Haupt zwei Engel eine Krone halten, vom
Tafeln 24, 25 Anfang der Andacht zu den Sieben Freuden Mariä im Rothschild-Gebetbuch (1510–20) verweist bereits mit ihrer imitierten Holzrahmung auf die Herkunft dieses Bildtypus aus der Tafelmalerei. Zum Teil sind die Grenzen wohl auch fließend, so im Falle des berühmten Marienmotivs der Pietà, deren (spätere) deutsche Bezeichnung „Vesperbild" auf eine Verbindung zur Gebetsstunde der Vesper hinweist. Die Darstellung der Muttergottes mit ihrem vom Kreuz abgenommenen Sohn auf dem Schoß steht außerhalb von Ort und Zeit
Tafel 26 der Evangelien, es gibt dafür keinerlei Textgrundlage (Gebetbuch

Jakobs IV. von Schottland, zwischen 1503 und 1513). Das Thema ist neben den Darstellungen der Madonna mit dem Kind das verbreitetste Marienmotiv der mittelalterlichen Skulptur ab 1300, zu dem Anregungen vermutlich auch aus dem Bereich der Andachtsliteratur bzw. der illuminierten Bücher gekommen sind.

Daß die Texte der sich neu entwickelnden Gattung der privaten Gebetbücher: liturgische Sequenzen, Hymnen, Gebete, Anrufungen, Andachtstexte usw., zur Formulierung neuer ikonographischer Typen beigetragen haben, ist besonders dann naheliegend, wenn Miniaturen konkret den Sinnzusammenhang einer solchen Passage widerspiegeln, die Darstellung aber weder aus anderen Quellen übernommen noch eine aus anderem Kontext entlehnte Tradition erkennbar ist. Dies dürfte beispielsweise der Fall sein bei Bildern, die Maria allein unter dem Kreuz zeigen, still trauernd oder in heftiger Gemütsbewegung. Unübersehbar ist hier der Zusammenhang mit dem Text des Stabat-Mater-Hymnus, der Marienklage um den gekreuzigten Sohn, deren Wortlaut im Gebetbuch Kaiser Karls V. (zwischen 1516 und 1519) auf derselben Seite beginnt, auf der das Bild erscheint. Abb. 12

Vom Thema her in erster Linie mit Maria verbunden sind in den Stundenbüchern das Marienoffizium, die Samstags- und die Adventsandacht zur Jungfrau Maria sowie verschiedene der Gottesmutter gewidmete Meßtexte, Gebete und Anrufungen. Marianische Motive finden sich daneben auch in den meist sehr persönlich zusammengestellten Gebetbüchern und vor allem in den Rosarien, den Gebetbüchern zum Rosenkranz, deren Illustrationen sich aber häufig mit dem Bildrepertoire der Livres d`heures überschneiden.

In diesen der privaten Frömmigkeitsübung dienenden Büchern erscheinen, neben vielen anderen Darstellungen, Miniaturen, die dem Leben Mariens und Christi gewidmet sind, basierend auf den Evangelien, Apokryphen und den mittelalterlichen Legenden. Der Zyklus des Marienlebens beginnt mit der Geschichte von Joachim und Anna, den Eltern der Heiligen Jungfrau, denen Gott nach langer Kinderlosigkeit die Gnade der späten Geburt einer Tochter gewährte. Das Dubliner Rosarium aus der ersten Hälfte des 16. Jahrhunderts zeigt die Wochenstube der heiligen Anna, gut ausgestattet mit Kamin und verschiedenen Kleinmöbeln sowie dem Bett, das die rechte Bildhälfte ausfüllt. Es Abb. 13

Tafel 28 Die Heilige Dreifaltigkeit mit Maria
Rothschild-Gebetbuch. Flämisch, 1512–1520
Tafel 29 Anna Selbdritt. Rothschild-Gebetbuch. Flämisch, 1510–1520

SCANCTA ANNA

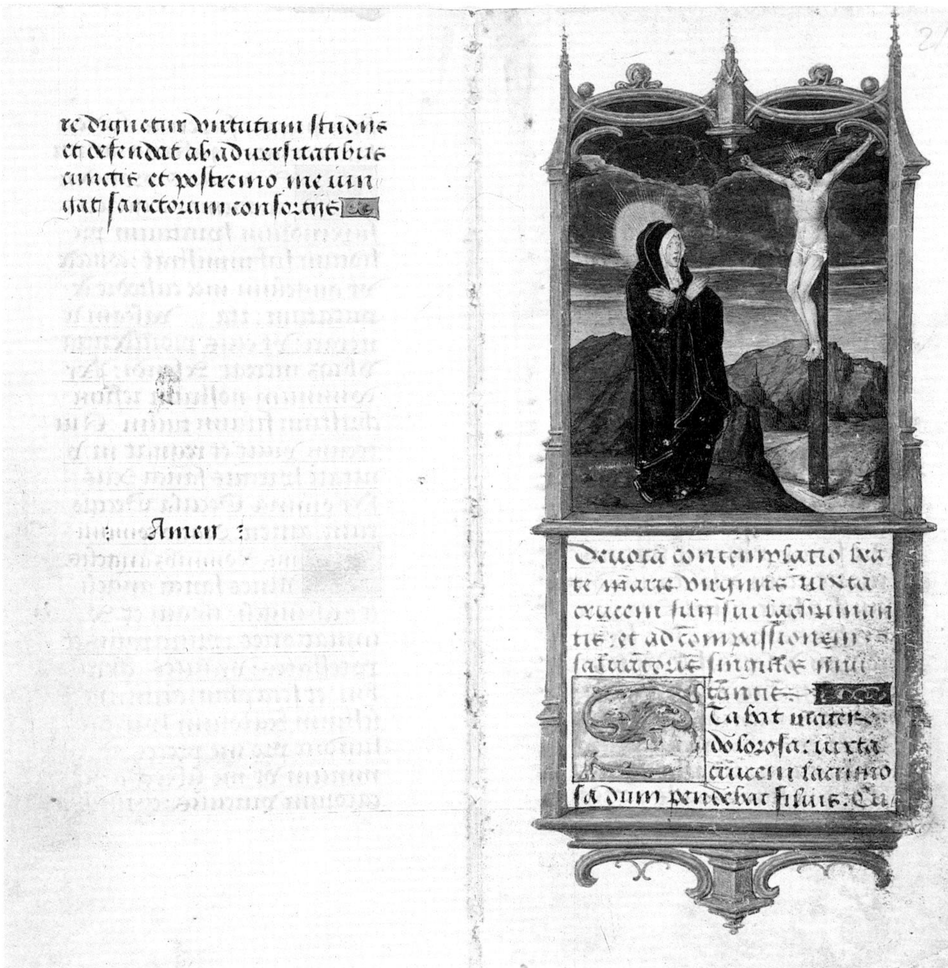

Abb. 12 Stabat mater. Gebetbuch Karls V. Mecheln, 1516–1519

sieht ganz nach einer bürgerlichen Wochenstube aus, die Hebamme überreicht der Mutter gerade das festgewickelte Marienkind; jedoch lassen drei unter dem Baldachin des Bettes und der Zimmerdecke schwebende Engel erkennen, daß es mit dem Neugeborenen etwas Besonderes auf sich hat. Ihre Gesten drücken Freude, Erstaunen, ja Anbetung aus und weisen auf die Bestimmung voraus, die Maria nach Gottes Ratschluß erfüllen wird.

Die nächste Station im Leben der Heiligen Jungfrau war die Einlösung des Gelübdes ihrer Eltern, die das Kind dem Tempel geweiht hatten. Als Maria drei Jahre alt war, führten Anna und Joachim sie zum Heiligtum nach Jerusalem, wo sie allein und ohne Hilfe die fünfzehn

Stufen zum Tempel hinaufschritt. Mit genau abgezählten Stufen hat der Maler des Dubliner Rosariums diese Treppe an zentraler Stelle ins Bild gesetzt. An der Schwelle erwartet der Hohepriester die kleine Maria. Er ist mit einem bischofsähnlichen Gewand, das seine priesterliche Funktion anzeigen soll, bekleidet. Die Mitra trägt er allerdings so auf dem Kopf, daß die Spitzen rechts und links über den Ohren emporsteigen. Auf diese Weise wird deutlich gemacht, daß es sich um keinen Würdenträger der christlichen Kirche handelt. In einem zweiflügeligen Fenster des Gebäudes im Bildhintergrund erscheinen einige Mädchenköpfe, die „Tempeljungfrauen", die Maria neugierig entgegensehen. Die Heilige Jungfrau, nach der Legende von Engeln ernährt und von unüberbietbarer Reinheit des Lebenswandels, blieb bis zu ihrem vierzehnten Lebensjahr im Tempel. Danach wurde sie Joseph anvertraut, den der Hohepriester ihr auf ein Wunderzeichen Gottes hin als Verlobten zuwies. Nach der Verkündigung der Geburt des Heilands durch den von Gott gesandten Erzengel Gabriel folgen die Ereignisse der Kindheitsgeschichte Jesu nach der Überlieferung der Evangelien. Zusätzlich werden sie ausgeschmückt mit den Motiven, die vor allem aus den mittelalterlichen Legenden, beispielsweise den Texten der Legenda Aurea „Von der Verkündigung des Herrn" und „Von der Geburt des Herrn" usw., in die mariologischen Zyklen eingedrungen sind. Diese Szenen unterscheiden sich zumeist nur in Details von den Darstellungen, die das Leben Christi in den Evangeliaren und Perikopenbüchern illustrieren. Lediglich die Auswahl der Ereignisse ist streng auf Maria begrenzt, wie es die zu bebildernden Texte, z.B. das Marienoffizium in den Stundenbüchern, nahelegen. Seinen Abschluß findet der Zyklus des Marienlebens mit dem Bild des Marientodes, dessen frühe Form das Sterbelager der Gottesmutter zeigt, das von den schnell herbeigeeilten Aposteln umstanden wird. Hinter dem Bett, an zentraler Stelle im Bild, erscheint Christus, der die Seele seiner Mutter entgegennimmt, um sie Engeln zu übergeben, die mit ehrfurchtsvoll verhüllten Händen aus Wolkenbändern herabstoßen. Die Seele der Entschlafenen ist in der Abbildung aus dem Festtagsevangelistar in Brescia (um 1030/40) als Bildnismedaillon mit der Büste der Gottesmutter gestaltet.

Abb. 14

Tafeln 15, 16, 17, 18

Tafel 27

Tafel 30 Das Sonnenweib. Apokalypse. Westminster, um 1272
Tafel 31 Margaret Tudor
Gebetbuch Jakobs IV. von Schottland. Gent-Brügge, zwischen 1503 und 1513

Abb. 13 Geburt Mariens
Rosarium. Flämisch, 1. Hälfte
16. Jahrhundert

Abb. 14 Tempelgang Mariens
Rosarium. Flämisch, 1. Hälfte
16. Jahrhundert

Eine Miniatur des um 1200 für einen Laien geschaffenen Ingeborg-Psalters hingegen präsentiert anläßlich des Marientodes zwei nach dem mittelalterlichen Glauben unmittelbar miteinander verbundene Ereignisse: während im unteren Bildstreifen wiederum die als kleines nacktes Kind gestaltete Seele Mariens von ihrem Sohn in Empfang genommen wird und die Jünger den Leichnam in einen Sarkophag betten, erscheint im oberen Register die synchron zu denkende Aufnahme Mariens in den Himmel. Als jugendliche Braut und Himmelskönigin teilt sie den Thronsitz mit Christus, zu dessen rechter Seite sie sitzt. Engel mit langen Kerzen flankieren die Szene der Marienkrönung, die in späteren Darstellungen dann durch die Gestalt Gottvaters und die Geisttaube bereichert wird. Tafel 7

Ihre Rolle als Fürbitterin der Menschen räumt der Gottesmutter auch in solchen Texten eine besondere Position ein, die nicht in erster Linie auf Maria ausgerichtet sind, etwa in der Andacht zu allen Heiligen. Nach der Eröffnung der Andacht mit der Anrufung Gottes folgt der Marienhymnus „Sancta Dei genetrix, flos virginitatis ... super sanctos residens ...“ (Heilige Gottesgebärerin, Blüte der Jungfräulichkeit ... über den Heiligen thronend ...). Die dem Beginn der Allerheiligenandacht gegenüberstehende Illustration im Rothschild-Gebetbuch (1510–1520) führt dem Betrachter die Versammlung aller Heiligen zur Anbetung der Dreifaltigkeit – Gottvater mit Tiara, Sohn und Geisttaube – vor Augen. Maria am linken Bildrand der Miniatur, d. h. auf der rechten, der Ehrenseite der Trinität, und Johannes der Täufer, erkennbar an Bart und härenem Gewand ganz rechts im Bild, eröffnen die Reihen der Heiligen, die, nach ihren Rängen gestaffelt, den Thron der drei göttlichen Personen im Halbrund umgeben. Die im Bittgestus erhobenen Hände Mariens und des Täufers machen deutlich, daß die Mutter und der Vorläufer Christi die Gruppe der Deesis formulieren, den byzantinischen Typus der Fürbitte im Augenblick des Jüngsten Gerichts. Tafel 28

Neben dem Kontext des Weltgerichts, in dem Maria aufgrund des Einflusses, den sie zugunsten der Menschen auf ihren Sohn ausüben kann, eine hervorragende Stellung beigemessen wird, kann noch eine weitere Darstellung Mariens, die aus den Bereichen der Skulptur und der Tafelmalerei gut bekannt ist, in den Stundenbüchern auftreten: die sogenannte „Anna selbdritt“, eine Figurengruppe mit Anna, der Mut-

Tafel 32 Maria von Burgund im Gebet vor einer Marienvision
Stundenbuch der Maria von Burgund. Flämisch, zwischen 1470 und 1480

ter Mariens, der Heiligen Jungfrau und dem Jesusknaben; sie war ein beliebtes Motiv zum Gedenken an die heilige Anna, um auch bei ihr um Fürbitte bei Christus nachzusuchen. Die beschaulich auf einem Rasenstück gelagerte Gruppe im Rothschild-Gebetbuch hat den meditativen Charakter eines Andachtsbildes. Anna und die jugendliche Gottesmutter blicken wehmütig, im stillen Wissen um die Passion, auf den nackten Christusknaben, der im kindlichen Spiel in die Seiten des aufgeschlagenen (Andachts-)Buches der heiligen Anna greift. Sie laden damit den Betrachter und Beter ein, es ihnen gleichzutun und nie die Leiden des Herrn aus dem Gedächtnis zu verlieren. Es ist unverkennbar, wie stark gerade bei dieser Miniatur die Gestaltung auf die Funktion des Bildes im Andachtsbuch ausgerichtet ist.

Tafel 29

Apokalyptisches Weib und Strahlenkranzmadonna

Neben den eingangs erwähnten Stellen in den Evangelien, die der Mutter des Messias gewidmet sind, gibt es noch eine weibliche Gestalt in den kanonischen Schriften des Neuen Testaments, die als Maria gedeutet wurde: das apokalyptische Weib in der Offenbarung des Johannes (Apk 12, 1–18). Der Ich-Verfasser, in der Tradition gleichgesetzt mit dem Apostel und Evangelisten Johannes, berichtet von einer Offenbarung dessen, „was in Kürze geschehen soll", so wie ihm Christus kundgetan hat. In Kapitel 12 erscheint ein Zeichen am Himmel: eine schwangere Frau, „mit der Sonne bekleidet und den Mond unter ihren Füßen und auf ihrem Haupt eine Krone von zwölf Sternen". Sie gebiert „unter großer Qual" einen Sohn, den ein ebenfalls am Himmel erscheinender Drache mit sieben Häuptern zu verschlingen droht. Doch das Kind wird zu Gott entrückt, und die Frau kann in die Wüste fliehen, wo sie sich verbirgt, während der Erzengel Michael gegen den Drachen, „die alte Schlange, die da heißt der Teufel und Satanas", kämpft, ihn aber nicht endgültig besiegen kann. Aus Wut über die Rettung des Kindes verfolgt der Drache die Frau, er kann sie aber nicht vernichten und bedroht deshalb fortan ihre Nachkommen.

Die frühesten Interpretationen dieser endzeitlichen Vision deuten die schwangere und gebärende Frau als Ecclesia, die Personifikation der Kirche, während in der Sonne ein Bild für Christus („sol iustitiae", Sonne der Gerechtigkeit) erkannt wird und der Drache der Teufel ist, der das von Gott gestiftete Heilswerk zu zerstören trachtet. An Maria wurde im Zusammenhang mit dem apokalyptischen Weib wohl zunächst weder vom Verfasser des Textes noch von den ersten Interpreten dieser Schrift gedacht, doch brachte die Parallelsetzung Maria – Ecclesia (erstmals um 200; dann bei Augustin und Hieronymus zu Beginn des 5. Jahrhunderts) eine geradezu zwangsläufige Deutung der apokalyptischen Frau als Maria, die Christus, den Messias, gebiert. Für den Westen gewinnt diese Sicht seit dem 12. Jahrhundert an Bedeutung, und die Darstellung Mariens mit den Attributen des apokalyptischen Weibes wird eine geläufige Bildformel seit dem 14. Jahrhundert und besonders in der Zeit der Gegenreformation und der Türkenkriege.

Die um 1272 in England entstandene Apokalypse Douce 180 nimmt keinen Bezug auf die Deutung der Frauenfigur als Maria, sondern bringt eine dem Text entsprechende Illustration des Kapitels 12 der Offenbarung des Johannes, verkürzt auf eine Gegenüberstellung von Autor und himmlischer Erscheinung. Johannes, der am linken Bildrand auf einer begrünten Anhöhe sitzt, sieht das Zeichen des schwangeren Weibes, die Füße auf eine Mondsichel gestellt, das Haupt von Sternen umgeben. „Bekleidet", d. h. hinterfangen, ist sie von einer in konzentrischen Kreisen ausstrahlenden, flammenden Sonne. Ihr Wesen ist hoheitsvoll, beeindruckend, aber sie ist in keiner Weise als Maria gekennzeichnet. Beispielsweise sind das scharlachfarbene Gewand mit grüner Unterfütterung und die nackten Füße für eine Mariendarstellung unüblich. Tatsächlich hat der Miniaturist in diesem Fall die in der Apokalypse geschilderte Vision ins Bild gesetzt, ohne die Deutung des apokalyptischen Weibes auf die Gottesmutter zu berücksichtigen, vor allem auch deswegen, weil es seine Aufgabe war, den Bericht des Johannes lediglich zu illustrieren, nicht aber theologische Deutungen in die Form eines Programm- oder Andachtsbildes zu kleiden. Tafel 30

Im Gegensatz dazu besitzt der Krumauer Bildercodex (ein ca. 1355/60 entstandenes „Bilderbuch" zum Zwecke der Andacht und Erbauung der Mönche des Krumauer Minoritenklosters) ein Titelblatt mit der Darstellung des apokalyptischen Weibes, das eindeutig als Maria gekennzeichnet ist. Eine jugendliche Frau mit offenem Haar, wie es dem mittelalterlichen Typus der Madonna mit dem Kind entspricht, hält ein am Kreuznimbus als Christus zu identifizierendes Kind auf dem Arm. Während der Knabe zärtlich das Kinn der Mutter liebkost, reicht diese ihm mit der rechten Hand eine Kugel mit Kreuz. Ihren Kopf schmückt eine Sternenkrone, sie steht über einem Halbmond, und an ihrem Rücken trägt sie die Schwingen des Adlers, von denen die Offenbarung berichtet. Die Sonne ist hier in der Form eines flammenumrahmten Medaillons vor den Leib Mariens gesetzt. Im Inneren der Sonnenscheibe erscheint Christus in Halbfigur in der Gestalt des Schmerzensmannes, also des gestorbenen, vom Kreuz abgenommenen Passionschristus, jedoch mit geöffneten Augen. Über den komplexen theologischen Inhalt hinaus, den diese Verdichtung verschiedener marianischer und christologischer Motive zum Ausdruck bringt (Zwei-Naturen-Lehre, Compassio-Gedanke, Immaculata Conceptio), wird deutlich, daß die Kombination Marias als apokalyptisches Weib mit dem Passionschristus über die Bedeutung des Apokalypsetextes weit hinausgeht. Da es sich noch dazu um das Titelblatt einer Bilderhandschrift für Kleriker handelt, wird der zur Andacht und Meditation anregende Sinn der Darstellung offenkundig. Abb. 15

Insbesondere der Gedanke der unbefleckten Empfängnis Mariens ist in nachmittelalterlicher Zeit die dominante Aussage dieses Marienbildtypus. In unzähligen Gemälden und Skulpturen, speziell in der Zeit der Türkenkriege und der Gegenreformation, wird Maria gefeiert als die „Frau über dem Mond" (der dann auch volkstümlich als Symbol des türkischen Halbmondes, des Unglaubens schlechthin, verstanden wurde), als von der Erbsünde freie Himmelskönigin, umstrahlt von der Sonnenglorie und von Sternen bekrönt.

In Dreiviertelfigur erscheint die Madonna über der Mondsichel
Tafel 31 auch in der Vision der Königin Margaret Tudor im Stundenbuch Jakobs IV. von Schottland, gegenübergestellt dem großen Mariengebet „Obsecro te" (Ich beschwöre dich ...), dessen Text die verschiedenen Aspekte des theologischen Sinngehalts der Darstellung aufzählt. Die
Tafeln 24, 25 Madonna auf der Mondsichel der tafelbildartigen Miniatur des Rothschild-Gebetbuchs ist der Andacht der Sieben Freuden Mariä zugeordnet. Wie im Stundenbuch Jakobs IV. sind auch hier die apokalyptischen Motive auf das schmale Mondsegment, aus dem die Dreiviertelfigur der Gottesmutter herauszuwachsen scheint, und die gleißende Sonnenaura beschränkt, die mit ihrem orangefarbenen Leuchten den übernatürlichen Charakter der Erscheinung betont. Die Sonnenscheibe, die Maria in früheren Darstellungen als dinghaftes Attribut vor ihrem Leib getragen hat, wurde in die lichthafte Realität einer himmlischen Erscheinung verwandelt. Zwei Engel halten über ihrem Kopf die Krone und kennzeichnen damit die Mutter des Erlösers als Himmelskönigin. Maria selbst jedoch drückt keine Freude aus, ihr Blick ruht nachdenklich, ja wehmütig auf dem Kind, das sie anlächelt und aus ihrer Hand den Apfel entgegennimmt, Symbol des Sündenfalls, dessen Schuld erst durch die Passion Christi getilgt werden kann. Auch die freudvolle Madonna, die Mutter der Sieben Freuden, ist sich bewußt, welches Schicksal ihr Sohn für die Erlösung der Menschheit auf sich nehmen muß.

Das Spiel mit dem Apfel, den Maria Jesus reicht, verweist auf
Tafel 24 einen frühchristlichen Bedeutungskomplex, der für die Wertschät-
Abb. 15 zung Mariens und ihre Stellung in der Lehre der Kirche eine wichtige Rolle gespielt hat. Schon Irenäus von Lyon (gestorben ca. 202) sah in Eva die Verursacherin von Erbsünde und Tod, während durch Maria Erlösung und Leben wiederkehrten: „Mors per Evam, vita per Mariam" (Tod durch Eva, Leben durch Maria), so die stringente Kurzfassung des Hieronymus (gestorben ca. 420). Abgesehen von den üblen Folgen, die eine derartige Verdammung der Stamm-Mutter Eva für die Wertschätzung aller ihrer weiblichen Nachkommen hatte,

Abb. 15 Die Madonna als apokalyptisches Sonnenweib und Himmelskönigin
Krumauer Bildercodex. Böhmen, um 1355–1360

Abb. 16 Verkündigung an Maria mit alttestamentlichen Bildern: Eva und die Schlange, Gideon und das Vlies, die vier Propheten: Elias, David, Ezechiel und Jeremias. Biblia pauperum. Niederlande, 3. Viertel 15. Jahrhundert

wurde die Demut Mariens, der neuen Eva, die Gott als Werkzeug für die Erlösung der Menschen auserwählt hatte, zu einem zentralen Motiv der Marienverehrung, das die Gottesmutter zur Siegerin über Sünde und Teufel erhob.

Die eingängige Antithese: sündige Eva – gehorsame Maria wurde im Mittelalter wegen ihrer didaktischen Schlagkraft häufig dargestellt, auch in anderen Medien. Einen besonderen Platz nahm die bildliche Gegenüberstellung der beiden Repräsentantinnen des Alten und Neuen Bundes in den typologisch aufgebauten sogenannten Armenbibeln (Bibliae pauperum) ein, die vor allem seit dem Aufkommen der Drucktechniken im 15. Jahrhundert leicht faßliche Aussagen über das Verhältnis der beiden Teile der Heiligen Schrift in Bildern verbreiteten. So ist eine Seite eines im dritten Viertel des 15. Jahrhunderts entstandenen Blockbuchs der Armenbibel in drei typologische Szenen gegliedert, von denen die mittlere die Verkündigung an Maria zeigt. Links Abb. 16 hingegen ist diesem Geschehen des Neuen Testamentes der Ungehorsam Evas gegenübergestellt: wie Maria die Botschaft des Engels entgegennimmt und sich dem Willen Gottes unterwirft, so läßt sich Eva von der Schlange zum Ungehorsam verführen und verstößt damit gegen das Gebot Gottes. Die rechte Szene, ebenfalls aus dem Alten Testament, eine Darstellung der Wundergeschichte um das Vlies des Richters Gideon (Richter 6–7), verweist auf die von Gott verheißene Errettung Israels; Prophetenbüsten mit kommentierenden Texten sowie zusätzliche Erklärungen machen das Bild zu einem eingängigen Lehrstück. Solchermaßen aufgebaute didaktische Zyklen, die besonders durch den Buchdruck sehr populär wurden, boten ein überzeugendes Erklärungsmodell der Heilsgeschichte, wobei sich der Benutzerkreis zweifellos auf Kleriker und gebildete, wohlhabende Bürger bechränkte, während die „Armen“ wohl kaum in der Lage waren, diese Bücher zu erwerben bzw. zu lesen, wie der (spätere) Name suggeriert.

Maria in den Stifterminiaturen

Abschließend soll nochmals die Rolle Mariens in den Stifterminiaturen der verschiedenen Codices betrachtet werden. Während in der Frühzeit der Buchmalerei, in der ottonischen und romanischen Epoche, die Dedikationsminiatur auch häufig Christus als Adressaten des Stifters abbildet, wird später das neue Buch vorwiegend Maria übereignet, sei es, daß der Autor des Werkes selbst den Codex der Gottesmutter mit dem Kind darbringt, wie im Fall der Dedikationsinitiale einer Hand-
Abb. 17 schrift der Legenda Aurea aus dem 14. Jahrhundert, wo der Verfasser, Jacobus de Voragine, vor dem Thron Mariens kniet, sei es, daß der Auftraggeber der Handschrift abgebildet wird – entweder im Gebet vor Maria oder ihr den Codex überreichend. Dies ist fast immer der Fall, wenn es sich um ein Stundenbuch handelt, das auch vom Text her auf Maria ausgerichtet ist.

Die zunächst übliche Darstellungsform – die direkte Aushändigung des Buches an Christus oder Maria, was eine ziemlich gewaltsame Überschreitung des irdischen Raumes hinein in die himmlische Sphäre bedeutet – weicht in den spätgotischen Codices subtileren Formen. Der Stifter oder die Stifterin wird in einem häuslichen Raum vor dem Betstuhl oder im Inneren einer Kirche bzw. Kapelle gezeigt. Ins Gebet versunken, erlebt der Besitzer des Buches (das häufig aufgeschlagen quasi als Bild im Bild vor ihm liegt) die Erscheinung Mariens oder Christi. In dieser Weise ist eine der beiden Stifterminiaturen im
Tafel 31 Gebetbuch Jakobs IV. von Schottland gestaltet, auf der die kniende Königin eine Erscheinung der Madonna auf der Mondsichel verehrt. Margaret Tudor ist begleitet von einem Heiligen, der sie der Gottesmutter empfiehlt; in vergleichbaren Fällen ist dies häufig der Namenspatron der dargestellten Person, hier jedoch ist es der heilige Cyriacus, dessen Fest am Hochzeitstag der Königin gefeiert wurde. Die Einheit des Realraumes der Lebenden wird hier gewährleistet durch das Mittel der Vision, das es ermöglicht, das Geschehen als inneres Erleben des Betenden zu verstehen.

Eine noch raffiniertere Form für diesen Gedankengang hat der Maler des Gebetbuches der Maria von Burgund (1470–80) gefunden, dessen einzigartige Verbindung von Interieurs mit Fensterausblicken dieses Stundenbuch zu einem der berühmtesten Beispiele der spätmit-
Tafel 32 telalterlichen Buchmalerei gemacht hat. Im Bildvordergrund der Miniatur sitzt die Eigentümerin des Codex, mit sehr großer Wahr-

Abb. 17 Widmungsbild: Jacobus de Voragine widmet sein Werk, die Legenda aurea, der Gottesmutter. Um 1460–1480

scheinlichkeit Maria von Burgund, versunken in die Betrachtung der Bilder und Texte des Gebetbuches, dem zum Schutz vor Gebrauchsspuren ein Tuch unterlegt ist. Ihre Augen sind aufmerksam auf die aufgeschlagene Seite des Buches gerichtet, Kleidung, Schmuck, Kopfputz, Schoßhündchen und kostbar ausgestattetes Ambiente weisen sie als Dame des hohen Adels aus.

Durch das realistisch geöffnete Fenster, dessen Flügel in den Raum der Leserin – und damit im übertragenen Sinn auch in den jeweiligen Betrachterraum – hineinstoßen, geht der Blick in den Chor einer Kirche. Dort thront Maria mit dem Christuskind vor den Stufen des Altars, Maria von Burgund und Damen ihres Gefolges nähern sich der Gottesmutter von links und huldigen Mutter und Sohn. Doch wo findet diese Begegnung statt? In einer wirklichen Kirche, wie der realistische Blick aus dem Fenster suggeriert? Die vier kleinen Engel, die Maria begleiten, sprechen eher für ein himmlisches Ambiente. Aber wie kommt die sehr lebendige, irdische Maria von Burgund in diese nur himmlischen Wesen vorbehaltene Umgebung, zumal sie ja auch gleichzeitig als über ihrem Stundenbuch sinnende Beterin im Bildvordergrund ein zweites Mal vorhanden ist. Auch hier hat der Maler das Problem der Grenzüberschreitung zwischen Erde und Himmel mit dem Mittel der Vision gelöst: im Fensterbild ist zu sehen, was Maria von Burgund beim Lesen vor ihrem inneren Auge sieht: ihre eigene Verehrung der geschauten Gottesmutter, höchstes Ziel der Andachtslehre. Gleichzeitig drückt das Auftreten der lebenden, irdischen Maria im himmlischen Umfeld ihrer Namenspatronin eine unerhörte Emanzipation der Stifterin aus, der es – zumindest im Bild – bereits zu Lebzeiten vergönnt ist, den himmlischen Personen in ihrer eigenen Sphäre gegenüberzutreten, eine Neuerung, deren Realisierung eine intelligente Verschränkung von Gegenwart und Imagination erforderte. Der Miniaturist im Stundenbuch der Maria von Burgund bewältigte dieses Problem mit dem Kunstgriff des Fensterausblicks, der ein Bild im Bild präsentiert, das die beiden Realitätsebenen ohne Bruch nebeneinander existieren läßt. Unzweifelhaft haben die großen Vorbilder der frühen niederländischen Malerei, insbesondere Jan van Eyck, hier wichtige Anstöße gegeben, aber die Aufgabe der Darstellung des Stifters in Andacht ist in jedem Fall auch ein Thema im Rahmen des illuminierten Gebetbuches.

Schlußbemerkung

Mit der Verdrängung der kostbaren handgeschriebenen und -bebilderten Codices durch in Serie hergestellte Druckerzeugnisse geht im 16. Jahrhundert die Ära des Marienbildes in der Buchmalerei zu Ende. Künstlerisch hervorragend gestaltete Holzschnitte und Kupferstiche, beispielsweise das Marienleben von Albrecht Dürer (1511), übermitteln den Fundus der mittelalterlichen Marienikonographie in die Neuzeit, doch kam es nie wieder zu einer so hohen Blüte der Buchillustration auf dem Gebiet der religiösen Literatur, die der lebendigen Entwicklung der Buchmalerei vom 9. bis zum 16. Jahrhundert vergleichbar gewesen wäre.

Die Gestalt Mariens läßt sich in allen Ausstattungsprogrammen christlicher Buchmalerei von Anfang an entdecken – und dies, obgleich besonders in der Frühzeit die zu bebildernden Texte, wie gezeigt werden konnte, ihrer Präsenz kaum Bedeutung beimaßen. Es wird dadurch um so deutlicher, in welch starkem Maße die Wertschätzung und Verehrung Mariens in der Glaubenspraxis und somit auch in den Büchern, die Teil des religiösen Lebens der Kleriker und Laien waren, eine Entwicklung darstellt, die eine geringe Verankerung in den biblischen Texten hatte, aber um so größere Bedeutung in der Auslegung der Schrift bei den Kirchenvätern und in den großen Konzilsbeschlüssen gewonnen hatte, die Maria zu einer zentralen Figur der Heilgeschichte erhoben, im Rang dem Erlöser ebenbürtig. Daß diese Gottesmutter über alle theologischen Argumente hinaus eine Integrationsfigur war, die den Bereich der antiken Großen Mutter, des Weiblich-Mütterlichen, in die ursprünglich männlich dominierte Struktur des Frühchristentums einbrachte, erklärt die Spontaneität, mit der ein intensiver und emphatischer Kult der Jungfrau verbreitet wurde, dem die Amtskirche zunächst mißtraute und den sie zu zügeln versuchte. Spätestens im 5. Jahrhundert jedoch war Maria theologisch „abgesichert" und – zumindest im Osten – längst schon Gegenstand tiefer Verehrung im Volk und im offiziellen Ritus.

Dieser historische Ablauf verdeutlicht das Paradoxon der Mariendarstellungen in den mittelalterlichen illuminierten Büchern: viele Miniaturen sind einer Person gewidmet, von der die Quellentexte nichts berichten. Die Mehrzahl dieser Darstellungen ist somit nur aus dem geschichtlichen Prozeß zu erklären, der Maria zu der Gestalt hat werden lassen, als die sie uns aus den Bildern entgegentritt. Ihr Aussehen, ihre Kleidung, ihre Attribute, die Dinge, die sie tut oder die mit ihr geschehen, sind nachträgliche Auffüllungen, Korrekturen, die das mittelalterliche Marienbild überhaupt erst ermöglichten. Hier ist der ausführende Miniaturist zunächst wenig gefordert, die Bildfindungen gehen selten auf seine Kreativität zurück. Bis zur Zeit der Mystik werden im wesentlichen theologische Argumente ins Bild umgesetzt oder Maria zugesprochene Rollen und Attribute illustriert, die zumeist auf monumentale Vorbilder aus dem Bereich der Wandmalerei zurückgehen.

Die neue Glaubenshaltung der Mystik hingegen veränderte die Erwartung des Betrachters gegenüber dem Bild. Seine Frömmigkeit gipfelte in dem Wunsch nach der Schau Gottes, bzw. der Gottesmutter, der unio mystica, die über den Weg der Andacht und der Versenkung in die Schrift und hilfsweise auch in das Bild erreicht werden konnte. Jedoch nicht allein ein vordergründiger funktionaler Aspekt modifizierte die Darstellung in der Buchmalerei (hier jetzt vornehmlich im Stundenbuch, dem wichtigsten Requisit mittelalterlicher Privatfrömmigkeit) und führte zu Anleihen bei Skulptur und Tafelmalerei der Zeit, sondern die Relation zwischen Betrachter und betrachtetem Motiv stellte den Miniaturisten nun konkret vor neue Aufgaben, die er nur durch die Erfindung subtiler Beziehungsgefüge im Bild und aus dem Bild heraus zum Betrachter lösen konnte. Hier hat die Buchmalerei des 13. bis 15. Jahrhunderts viel zur Entstehung einer „modernen“ Malerei beigetragen, die in der Lage ist, mit dem Betrachter in einen Dialog zu treten.

Wie ausgefeilt diese Überlegungen waren, die den neuen Bedürfnissen Rechnung tragen sollten, beweisen die komplizierten Verschränkungen der Realitätsebenen in den Darstellungen, die Verwendung von „Tricks“, von Trompe-l'oeil-Effekten, von Bild-im-Bild-Spielereien, Rahmenüberschneidungen u. ä., die alle den Einstieg ins Bildgeschehen erleichtern sollten und eine Identifikation des Betrachters mit den dargestellten Personen und die Anteilnahme des Gläubigen am Heilsgeschehen geradezu suggerierten. Hier hat die mittelalterliche Buchmalerei sozusagen auf kleinstem Raum, auf dem begrenzten Format der Buchseite, mit eigenen Mitteln kreative Neulösungen für die Malerei entwickelt, die dem Entstehen des Andachtsbildes in der Tafelmalerei vergleichbar zur Seite zu stellen sind.

Abbildungsverzeichnis und -nachweis